髙橋洋一＆石平の

データとファクトで読み解く

ざんねんな中国

ビジネス社

まえがき　あまりにも知恵が足りない中国側が招いた悲劇

10月1日に建国70周年を迎えた中国はかつてない試練に直面している。

むろん最大の試練は、激化する一方の米中貿易戦争にほかならない。トランプ大統領は一向に手を緩める気配はなく、中国への制裁関税は実質第5弾目を控え、ほぼ中国からの輸入品全品目に網がかけられることになった。

さらにアメリカの制裁は為替部門にも飛び火し、「為替操作国」に認定された中国はますます窮地に陥った。これは中国に対する資本自由化の要求に等しく、それを許せば中国は一党独裁の社会主義体制の旗を降ろさねばならず、まったく無理な相談といえる。

こうしたアメリカ優位の形勢を見るにつけ、中国には経済外交のエキスパートがいないと感じざるを得ない。

当然ながら、資本主義・自由主義体制とは異なる体制を敷く共産中国の閣僚、官僚には限界があるのだろうが、あまりにも「知恵が足りない」というのが私の印象である。中国側にはお題目のような「メンツ」もあるだろうが、今回の貿易戦争におけるプライオリティは「いかに自国のダメージを軽くすべきか」であったはずだ。

中国は1978年からの改革開放以来、さまざまな分野で日本に学んだとされる。本当だろうか？　日本は対米貿易戦争では中国の大先輩であったけれど、中国政府が貴重な日本の経験を学んだ形跡は露も見られない。

1980年代の日本は対米貿易摩擦の渦中にあり、われわれ官僚はあらゆる経済学を駆使しながら、日本の貿易黒字を〝正当化〟するために知恵を絞り出した。

結論から述べると、アメリカ側に「貿易赤字と貿易黒字で争うのは実にくだらないこと」であるのを認識させたのである。これは暴論でも詭弁でもなく国際経済学のイロハで、われわれの主張に対しアメリカの知識人や政府系アドバイザーから「あなたたちの話は至極真っ当だ」と評価され、自信を持って交渉に臨むことができた。

ここまで読まれて、髙橋洋一は何かおかしいことを言っていると感じた人が多いのではないか。そういう人は、貿易は黒字のほうが良いのだと信じ込み、たくさん輸入しているほうが実は豊かなのだという考えには同意しかねるのであろう。

そのようなちょっとかたくなな人に対して、私は「それでは日本国内での貿易収支（実際には収支）を考えてください」と言うことにしている。

東京と東京以外のそれを計算すると、東京が凄まじい赤字で、他はオール黒字。この結果を誰も不自然に思わないだろうし、こんなことを気にする人などいない。当たり前であるからだ。貿易の〝本質〟はここにある。

つまり、貿易黒字を出すということイコール「儲けている」という意味ではなく、ただ単に輸出入の輸出部門の数字が多いというだけに過ぎない。その逆もしかり。そこを理解していただきたい。

もし、貿易赤字を出すことが赤字国に本当に深刻な影響をおよぼすならば、世界の半分の国は大変な状況に陥っているはずではないか。

いちばんの例はアメリカにほかならない。トランプが喚《わめ》くように、アメリカはずっと膨大な貿易赤字を続けているが、経済成長には無関係だ。

先進国で貿易収支がずっと赤字の国はけっこう多い。たとえば、オーストラリアやカナ

アメリカの対中貿易収支

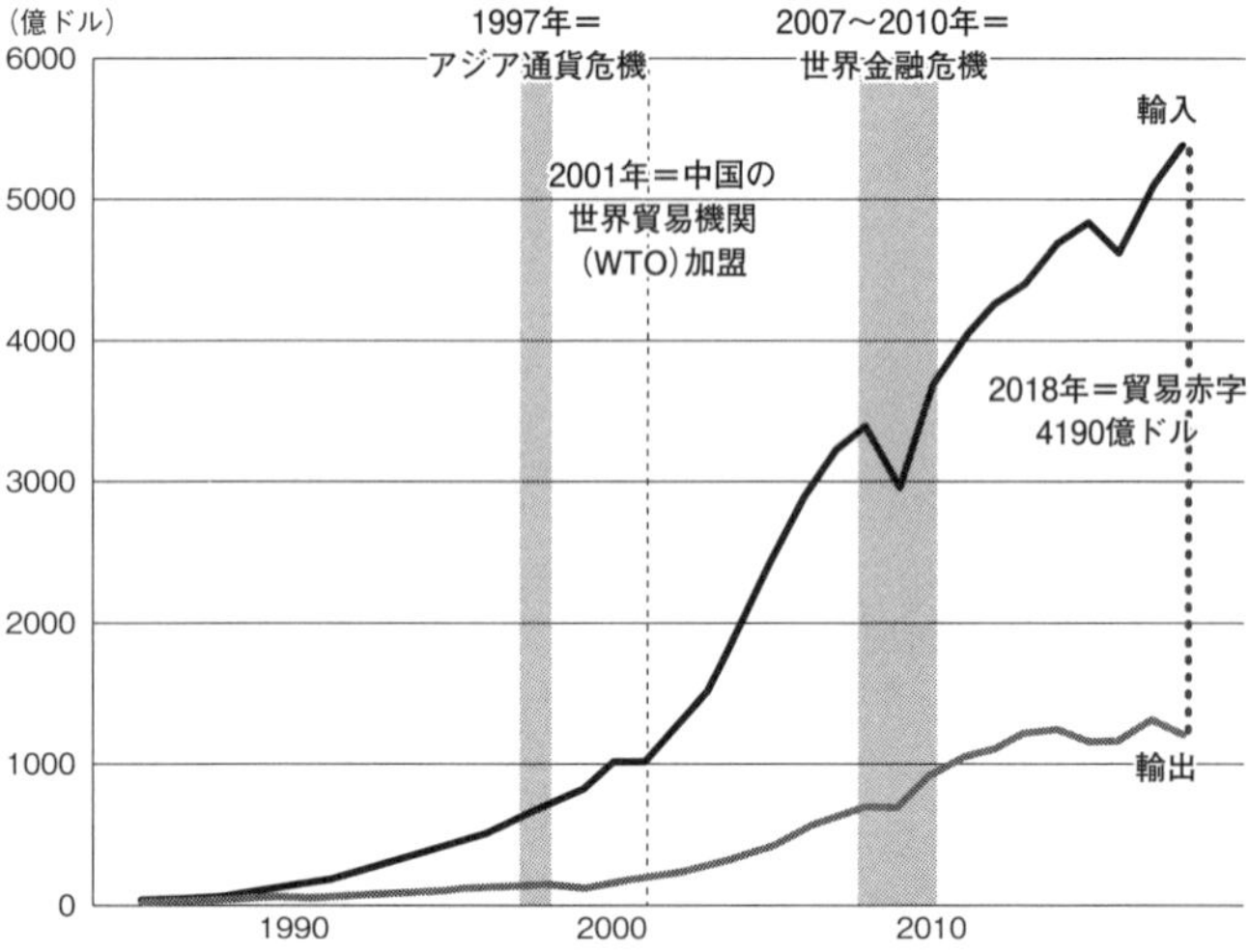

出所：US Census Bureau

ダ、デンマークなどは慢性の貿易赤字国として知られるけれど、それらの国はリファイナンスでカバーしながら、経済成長を続けている。貿易赤字が多いから国家運営の維持が不可能といったことにはならないわけである。

もう一度言うと、貿易赤字や黒字の額が本当に重要であるならば、世界の半分の国はそれを気にして経済運営しなければならないが、どこもお構いなしにしている。

ところが、それを勘違いしているアメリカのカウンターパートにストレートに説明すると、「貿易赤字・黒字を問題にするのは素人ですよ。そんなものを気にするのは重商主義者くらいのものだ」と諭《さと》すのに等しくなってしまう。だから、われわれは「資本輸出をしています」という言いかたで説得しにかかった。

もちろん、これはこうしたトラブル解決のいわば「初級編」であり、「上級編」は本文中に詳述してあるので、じっくりとお読みいただきたい。

中国の名誉のために書き添えておくと、私の記憶では、5、6年前には中国側もこれに似通った理論でアメリカに言い訳をしていた。だが、習近平時代になってからは鳴りを潜めてしまった感がある。

本対談の相手は中国問題の碩学《せきがく》、石平氏である。これまで対談の機会がなかったのが不思議なほどであったが、今回ようやく実現した。石氏との丁々発止《ちょうちょうはっし》のやりとりにも期待していただきたい。

2019年10月

髙橋洋一

目次

第1章

米中貿易戦争の裏側で起きていること

これまで価格が上がっていなかった中国からの輸入品

石平　まずは米中対立というテーマからスタートしたいと思う。

米中貿易戦争に関しては、この8月に1つの動きがあって、トランプ大統領が30日、中国製品への制裁関税「第4弾」を9月1日に発動すると正式に通知した。家電や衣料品など約1100億ドル（約12兆円）分に15％の関税を上乗せするのである。それまでに、アメリカ政府は第3弾までの制裁関税として、合計2500億ドル分の中国製品に25％の制裁関税をすでにかけている。

制裁関税の発動とは別の動きがあった。8月5日、中国人民銀行が人民元の対ドル相場が11年ぶりの安値水準、かつ〝心理的〟な節目であった1ドル＝7元を下回ることを容認したのを受け、アメリカ財務省は中国を「為替操作国」に指定した。

アメリカは当初、今年の10月1日には、中国に対する制裁として2500億ドル分の中国製品に対する25％の追加関税をさらに30％まで引き上げる計画であったが、中国側の要請でそれを10月15日に延期した。そして10月10日と11日における米中貿易協議の結果、中国側がアメリカの農産物４００億～５００億ドル分を買う約束したとの引き換えに、上述の制裁関税引き上げは見送られた。

さらなる関税の引き上げは見送られたとはいえ、今までの制裁関税はいっさい撤廃されていない。つまり、米中貿易戦争は今でも続いている最中であって、収束の見通しは立っていないのだ。その一連の動きを見て、髙橋さんはどう捉えているのか。

髙橋　自由貿易を信仰する経済学者の連中は「これはいけない」とまず思ってしまう。みなさんは私のことを経済学者と思っているかもしれないが、実はそうではない。

私はとことん理系脳人間で、何事も数字で物事を判断する。理系脳の私が導き出したポイントは、米中双方が関税を掛け合ったときに、それぞれの輸入品価格がどうなるかだった。

関税はそのままダイレクトに輸入品価格にオンされると考える人が多い。だが、現実にはそうではない。オンするかどうかは、実はその製品に〝依拠〟する。

私は中国に輸入されてくるアメリカ製品の価格についてはきっちりわからないのだが、アメリカに輸入される中国から輸出品の価格についてはきちんと把握している。

その中国からの輸出品価格の推移を調べて判明したことがあった。まず、これまで10％

の制裁関税の間、アメリカが輸入した中国の輸出品の価格は上がってはいなかった。つまり、アメリカ国内で売る中国からの輸入品の小売価格は上がっていないのだ。これは何を意味するのか。中国企業が価格を下げて関税分を〝被《かぶ》って〟いるわけである。

だから、これまでのところアメリカの消費者は文句を言わない。それは中国の報復関税がかかっていても、消費者には全然わからないからである。製品価格が上がればわかるのだが、それが上がっていない。

メンツのためにトランプに対抗した習近平

髙橋　中国側はなぜそうまでしてアメリカでの価格を上げないようにしているのか。これまで制裁関税を課されている製品は高価なものでも、ましてや中国製でなければ駄目というたものでもない。経済学用語でいうと「代替品」だ。だから、中国製品の価格が上がったら売れなくなってしまい、他の製品に乗り換えるだけで終わってしまう。

中国はけっこうそれを意識しており、アメリカ向けの輸出が減っているけれど、価格も下げているわけである。価格を下げているから、アメリカ国民にすれば、関税を課されていることは実感できない。

逆に中国がアメリカから輸入するもの、これは農産物が中心なのだが、価格はしっかりと上がっている。これを誰が負担しているかというと、中国の国民が負担をしている。昨年から米中で制裁関税の掛け合いを行ってきて、これまでのところは中国企業と中国の国民が負担を強いられているのに比べ、アメリカの国民は痛くも痒くもないわけである。

逆に言うとアメリカでは、中国からの輸入品に関税を課して、国内の販売価格が上がるとなると問題が生じる。アメリカ国民が価格にきわめて敏感に反応するからにほかならない。たとえばガソリン価格が上がったりすると、大統領選挙などに結構影響が出てしまうわけである。

いまのところ中国からの輸入品価格は上がっていないものの、アメリカ側もかなり神経質になっているのがわかる。制裁関税第4弾の内容を見ると、アメリカは時々関税上乗せを猶予したりする。これはアメリカ国内で価格の上がりやすいものを猶予していると考えていい。

ということで、アメリカはこれまでのところは非常に慎重に動いている。輸入品価格は上がっておらず、中国側が持ち出しているだけで、トランプ大統領としてはアメリカ国民には被害は与えていない。

石平　そういう意味では、トランプ大統領について、一般的には無茶なことをやる印象が強いのだが、本質的なおかつ、制裁関税の仕分けを戦略的に行っている。要するに、関税増加分を、アメリカ国民でなく中国企業が一方的に負担しているのでは、勝負にはならない。

髙橋　はっきり言って、習近平は自分のメンツのためにトランプに対抗して同じことをやっては駄目なのだ。早い段階でトランプの手が読めたら、これは中国企業がやられるだけだから、習近平は自重すべきだった。

たしかに貿易統計を見ると、中国が輸入するアメリカの農産物の量は大きく減っている。したがって、アメリカの農民はけっこう大変だ。でも、中国企業からがっぽりアメリカ政府は関税を取っており、それを農民向けの補助金に回せるから、農民はおそらく痛まない。

中国への輸出で食っているアメリカの農民が輸出減で怒って、トランプは次の大統領選挙で苦しくなると中国側は読んでいた。けれども、中国企業が背に腹は代えられず増税分を払ってくれ、その分をアメリカの農民に補助金として使っている。これも中国側は読み違えてしまった。

アメリカの対中農作物輸出額

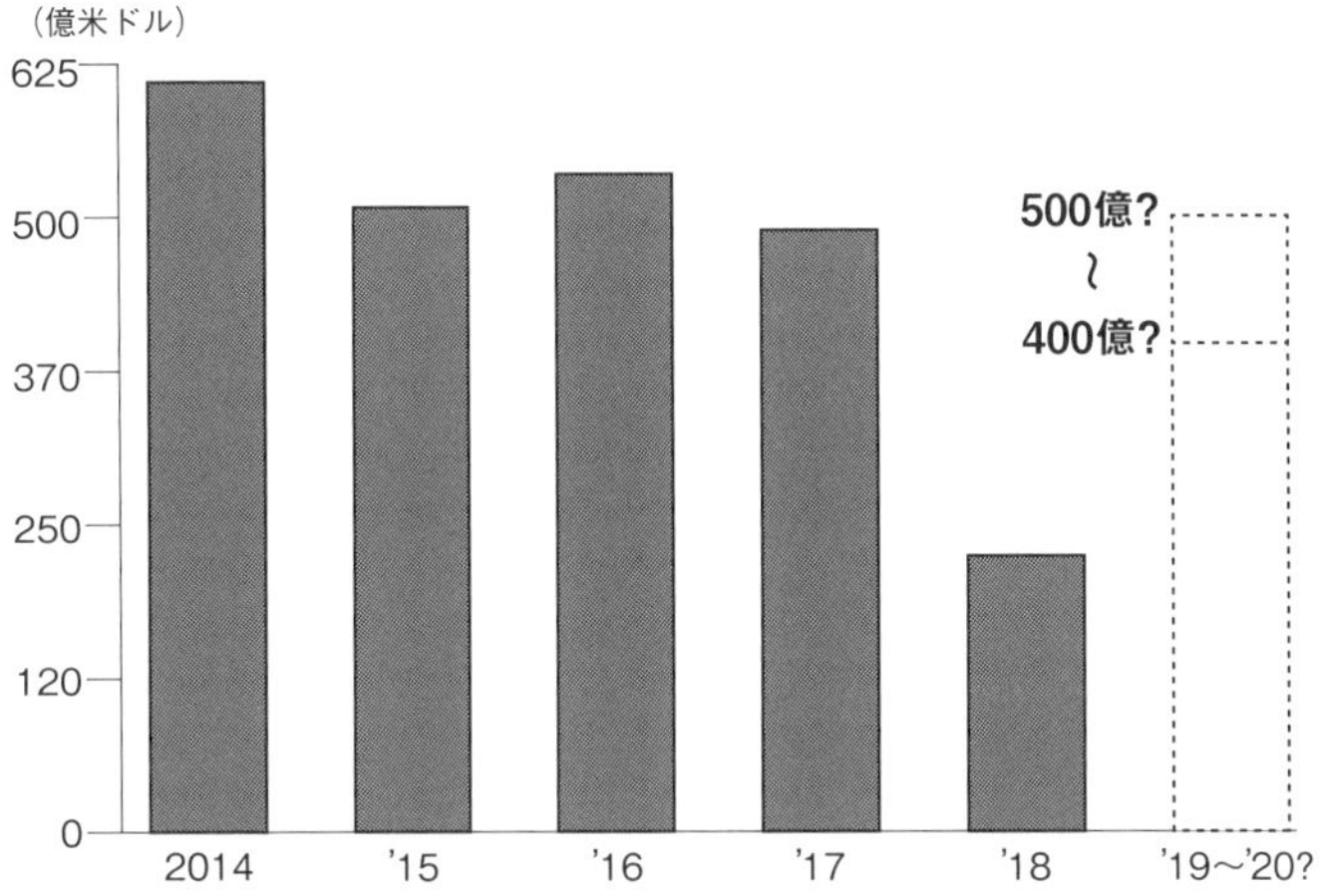

出所:アメリカ農務省、WTO

石平　けれどもそれは最初からわかっている話だ。アメリカが中国製品にかけた関税を誰が払うかとなると、バイヤーであるアメリカの小売流通企業は絶対に払わない。というのは、先刻髙橋さんが指摘したとおり、アメリカ企業は中国メーカーが関税負担を拒否すれば、近隣国のメーカーに乗り換えればいいだけだからだ。要は中国メーカーに高度な技術がないから、他の国から簡単に買えてしまう。

髙橋　そう。ほとんどの製品が他の国のもので代替可能。ハイテク分野でさえ代替可能で、極端に言えば、ファーウェイの製品でさえ台湾メーカーでほぼ同性能のものがつくれてしまう。だから、中国製品のアドバンテージはほぼないに等しい。

逆に言うと、価格しか中国の製品には〝取り柄〟がないから、アメリカの消費者としては、「別にメイド・イン・チャイナにこだわっているわけではないから、他のものでいいよ」と割り切られておしまいだ。そこが、中国が独自の付加価値を持たない製品をアメリカにたくさん輸出している弱みになっている。アメリカ政府はそれを知っている。

仮に一部、制裁関税でクリスマス商戦に影響が出る製品があるのなら、それだけ関税リストから外して商戦が終わってからかける。それを〝臨機応変〟にやればいいだけの話だ。もはや勝負の趨勢《すうせい》は見えている。

石平　今いちばん困っているのは、中国の沿岸地域の輸出向け企業だ。アパレル、玩具、生活用品などのメーカーはアメリカからの注文が無ければ経営が成り立たない。潰れるしかない。だからアメリカのバイヤーから関税分の負担を強いられても文句が言えない。となると、中国企業はほとんど利益の出ない自転車操業を強いられる。しかし、やらなければ死んでしまう。

米議会の警告をよく聞くトランプ

髙橋　ファーウェイの製品を高く評価している人はけっこういるし、私もスマホの質は悪いとは思わない。けれども、ファーウェイはアメリカのGoogleが提供するAndroid端末向けデジタルコンテンツ配信サービスの「Google Play」を止められたら使い物にならない。Googleはファーウェイ向けのライセンスを取り消す意向だから、いま日本ではファーウェイのスマホの猛烈なディスカウントが行われている。

ファーウェイ側は独自開発したOS「鴻蒙《ホンモン》」（英語名ハーモニー）で代替できると強気だが、そう簡単にはいかない。GoogleのOS「Android」は世界シェア7割、関連サービスは高水準を誇る。「Android」に追いつくのは現時点では不可能である。

「Android」はLinux系でオープンソフトだから、私レベルでも別にOSをつくろうと思えばできる。だが、それをアップデートしたり、商品として使いよくするというのは全然違う話なのだ。だからGoogleからライセンスを取り消されたら、ファーウェイのほとんどの製品は即〝アウト〟になる。

実は独自の技術がファーウェイにはあまり見られない。だから、いまのままならファーウェイは昨年倒産寸前までいったＺＴＥと同じ運命をたどって、たぶん潰れる。

いまファーウェイは途上国への売り込みに必死になっている。この動きを見ているだけでもアメリカとまともに戦えないことがわかる。

石平　ファーウェイを買う意味がなくなってしまった。

髙橋　アップデートができなくなったら、先進国では即アウトだ。最近５ＧのスマホをファーウェイとＺＴＥが販売を開始したけれど、基本的に大した技術ではない。５Ｇ自体は規格のひとつだし、画期的なハードではない。

ファーウェイについてはバックドアの存在が世界から指摘されて、情報が中国側に筒抜けになっているのが懸念されてから、アメリカ側に「安全保障の脅威」を掲げられ、完全に守勢に回ってしまった。

石平　習近平もファーウェイも、もうちょっと本性を隠してあと5年、韜光養晦《とうこうようかい》（国際社会で目立たずに、力を蓄えておくということ）を続けていればよかった。ばれるのがちょっと早かった。

髙橋　これはトランプの功績だと思う。オバマ前大統領などはけっこう騙されていた。いまの対中強硬姿勢については､共和党も民主党もなく団結している｡「オバマは馬鹿だった」と民主党の人間も平気で言うし、米議会はオバマ政権時代からずっと警告してきた。けれどもオバマは聞く耳を持たなかった。トランプは議会の警告をよく聞くから、議会では民主党もトランプを評価している。それについて日本の新聞はなぜかあまり書かない。

石平　米中の貿易問題について、私もこれまでさまざまな論者と話し合ってきたのだが、髙橋さんの関税の掛け合いというよりも、その裏側のからくりという視点は新鮮だった。

髙橋　私には、米中が関税を掛け合うなか、誰がどういうふうに負担するかしか興味がない。なぜなら、ポイントはそこだから。

中国製品が唯一無二のもので他が真似できないのならば、これは制裁関税分をアメリカ国民が負担するしかない。これではさすがのトランプも持たない。ところが、これを中国企業が負担してくれているのだから、トランプは嬉しくて仕方がない。

石平　もしトランプ政権がそれを承知のうえでやっていたのなら、とても賢い。

髙橋　トランプはわかってやっている。わかっていたから、制裁関税を段階的に行った。

最初は代替品を容易に見つけられ、絶対に価格に転嫁できない分野に関税を掛けていった。第2弾、第3弾と価格に転嫁できるかできないかを吟味して順番をつけていった。

石平　戦略的に中国企業と中国経済の弱点を集中的についたわけだ。

アメリカに食わせてもらっているのに応戦した習近平の愚

石平　もう1つ、アメリカが突いた中国企業の弱点は、巨大なアメリカ市場に代わる代替市場が存在しないということだった。ここが非常に重要だ。あれほどの中国の安物を大量に買ってくれる市場は世界でアメリカ以外にどこにもない。アメリカ経済の規模の大きさと消費市場の大きさ、そしてもう1つ、アメリカ人は通常の生活用品については品質には無頓着であることだ。

私がアメリカのスーパーを覗いたら、売っているものはすべて中国製で、品質は滅茶苦茶に悪かった。

高橋　「プライシー」といって、アメリカ人はまず価格を重視する。よほど品質が悪いものは別だが、けっこう許容度が高い。

石平　中国の国内メーカーは同じ量の注文であれば、日本よりアメリカの注文のほうを喜ぶ。なぜなら、日本は品質にすごくうるさいからだ。

髙橋　日本人は世界のなかでも品質にうるさいほうだ。ヨーロッパ人からもよく、なぜそんなことを気にするのかと言われる。その点アメリカ人は気にしないから、中国には合っているとは思う。

石平　中国の企業にとってアメリカのバイヤーがいちばんやりやすい。注文の量が大きくて、クレームもつけない。ほどほどの品質ならば何も言わない。だから逆に、中国企業のアメリカ市場に対する依存度が高い。これは深刻で、アメリカ市場を失ったら彼らはもう倒産する。潰れる以外ない。

もう1つ、中国全体の輸出もまたアメリカ市場に依存している。中国の全輸出額の2割はアメリカで、しかも中国は毎年の貿易黒字の半分以上をアメリカから稼いできた。要するに、中国はアメリカ市場で食わせてもらっているわけである。

習近平に多少の思考能力、冷静さがあれば、最初からアメリカとの貿易戦争にどんなことがあっても絶対に回避すべきであった。昨年7月にトランプ政権が貿易制裁関税の第1弾を発動したときに中国も応戦したが、まったく馬鹿げたことだった。

応戦しなければ、さすがのトランプ政権も2発目を打ち出せなかった。

髙橋　中国が応戦しなければ、これで終わり。もっと傷が浅くて済んだ。

石平　ところが習近平は応戦し、アメリカに第2弾、第3弾を打ち出すチャンスを与えてしまった、昨年9月に第3弾が発動されると中国は応戦できなくなり、トランプに泣きを入れた。それでトランプは今年1月に予定されていた2000億ドル分の中国製品に対する制裁関税の10%から25%への引き上げを延期した。

それから米中貿易協議を再開した。今年の5月には90%まで協議内容が固まり、いつでもサインしてもいい流れになって、トランプも喜んでいた。しかし突然、習近平がそれまでの協議結果をちゃぶ台返しした。それにトランプが激怒し、さらに制裁関税を拡大した。

6月の大阪のG20でもう一度、米中首脳会談を行い、習近平は再度譲歩し、なんとか協議にもっていくが、またしても習近平は約束を守らない。

それで9月1日にアメリカ側が制裁関税第4弾を打った。これで貿易戦争はより一層拡大したが、今後はアメリカが中国に課した制裁関税は拡大することはあっても、縮小することはない。繰り返すけれど、制裁関税を負担している中国企業も長くは続かない。

米中関税合戦のタイムテーブル

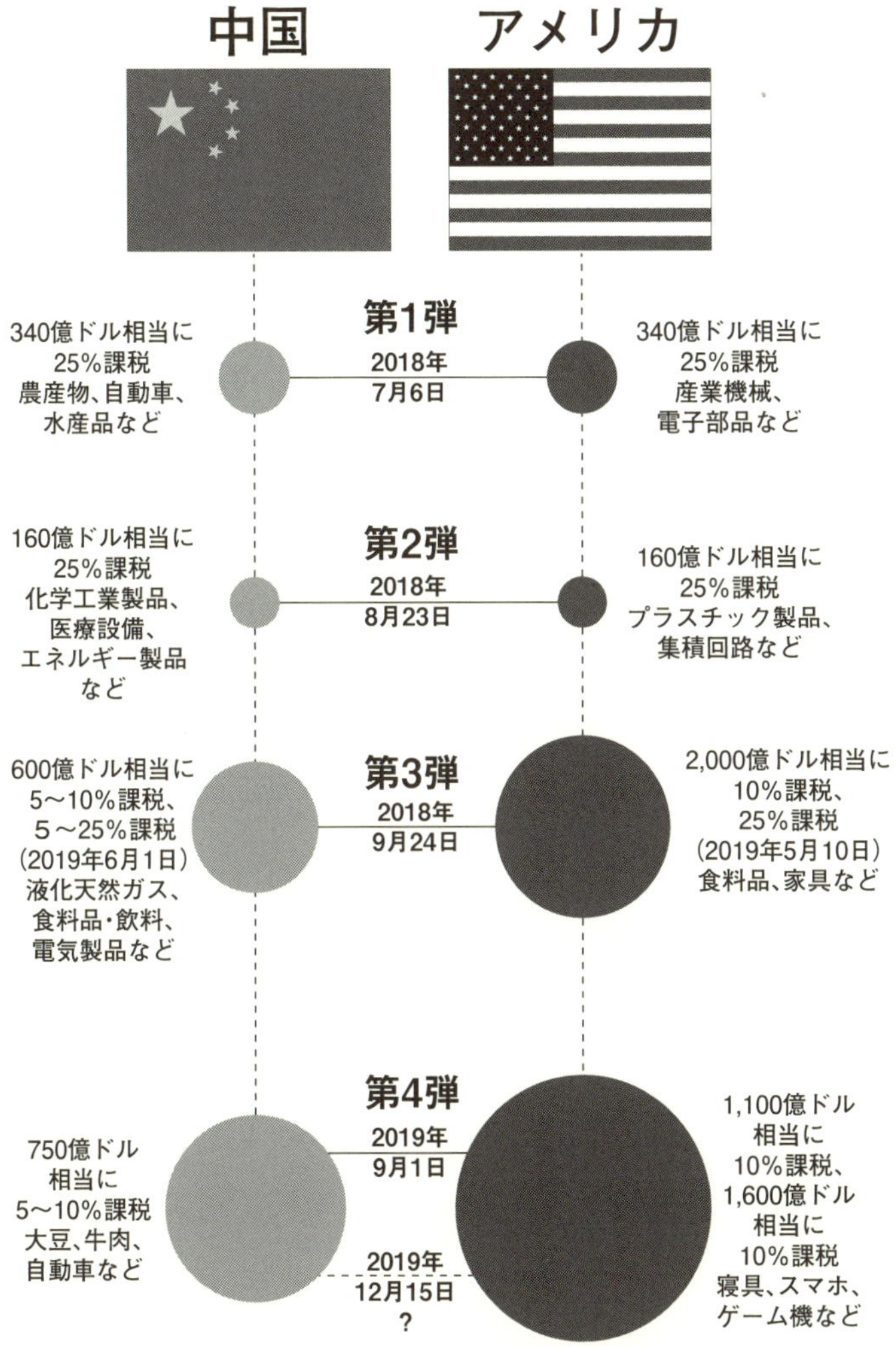

出所:内閣府資料など

中国は日本式貿易黒字減らしを真似できない

髙橋　私は外国の政府アドバイザーをしたこともあるが、仮に中国政府のアドバイザーだったらこう進言しただろう。アメリカが打ってきた制裁関税第1弾の時点で、「許してください」と頭を下げろと。

制裁関税を課して応酬するのは本当に馬鹿げている。次の次の手を考えたときに、中国企業が負担するのは見えているのだから。私ならば絶対に「制裁関税」という文言《もんごん》は使わない。

かつて貿易黒字でアメリカの目の敵にされた日本はこういう言い方をしていた。アメリカのカウンターパートに「貿易黒字がありますね？」と言われたら、「まぁ、ありますよ。別にいいでしょう」と軽く開き直る。

今回の米中ならば、アメリカに対する貿易黒字があるということは、モノが中国からアメリカにたくさん行くということになる。お金の動きについては、中国がアメリカに対して貿易黒字があるなら、中国はアメリカに対して「金銭債権」を持つ、という形になるわけである。

　これは経済力の〝裏腹〟で、モノとお金の流れは逆、それだけの話だ。アメリカに対する金銭債権を持つことは、すなわちアメリカのドル債を持つことになる。したがって日本側は、ドル債を徹底的に持つことにより、アメリカの財政赤字を支えているという言い回しをする。

「わが国がドル債をたくさん持っているからアメリカの金利は上がらない。だから、わが国の貿易黒字は悪くはない」

　この台詞をひたすら繰り返す。そして時々だけれど、「わが国はアメリカのドル債を売ることはないが……」と言ってみる。実際には売らないし、売れないのだが……。

　まあこれは貿易黒字の代替に資本輸出すると言う形で、われわれは「リサイクリング」と呼んでいる。

石平　中国も江沢民《こうたくみん》政権、胡錦濤《こきんとう》政権時代までは、基本的にこのやり方、リサイクリングを行っていた。アメリカに安い製品を大量に輸出して、中国の国内産業を支える。一方、稼いだドルでアメリカ国債を購入していた。

髙橋　ただし、これは普通の言い方、並みの対応である。もう少し知恵を使った対応もあって、実は日本政府はここまでやっていた。「ドル債にも投資しているけれど、今度はアメリカの企業に投資します。ついては、アメリカの企業に投資して、そこで雇用をつくります」と。

おそらくこれが経済的にはいちばんの正解だと思う。これを日本政府は猛烈にやった。その結果、日本から輸出するのではなく、日本の資本でアメリカにおいて現地生産するという形になった。するとその後、日本の貿易黒字は減り、アメリカの雇用創出に貢献した。

石平　中国政府がずっとアメリカに持ちかけてきたのは、アメリカ産のモノを大量に買うことだった。それで中国の貿易黒字を減らそうとした。だが、それは間違いだったということか？

髙橋　そのとおり。アメリカのモノを買うのでなく、貿易黒字そのものを減らさなければならない。アメリカで生産して貿易黒字を減らし、トランプがこだわっている雇用創出につなげるわけだ。これをやれば、トランプだってもう文句は言えなくなる。

おそらくこれを習近平の周りでは言えないのだと思う。加えてこれをやるにあたっては、この点が中国の弱点なのだけれど、日本がこうしたことを簡単にできるのは、安全保障上の理由がないからだ。

生産はアメリカ国内。日本は資本だけ出す。経営者はすべてアメリカ人。ここまで割り切る。さすがにアメリカも、アメリカ人の経営者で、アメリカ人を雇用するのだから、文句をつけられない。

けれども中国にはできない。妙なスケベ心があるからだ。中国資本を入れたら技術移転を強要する、あるいは盗むという事案が決まって出てくる。これがあるからアメリカは中国をハナから信用しない。したがって、この日本式を中国は完璧には真似できない。

石平　真似できないのは、いくつか絶対条件が異なるからだ。まずどう考えても日本とアメリカは同盟国であり、同じ資本主義国家だ。

髙橋　同じ資本主義国家で制度が似ているから、知的所有権についても「侵害しない」と簡単に言えてしまうわけだ。中国は制度がちがうから、知的所有権については日本の真似はできない。もし私が習近平だったら、「中国は資本だけ出して、経営はすべてアメリカ人に任せる」と約束するだろう。

石平　中国共産党や習近平にはそんなことはできない。昨年からのプロセスを見ていると、いま髙橋さんが語った高等な戦略などはまったく無理で、すべて悪手、すべて消耗戦を挑んでいる。

高橋　物事を〝合理的〟に考えられないのだと思う。資本だけ出してアメリカ人の経営なんて、中国共産党の人からすると考えられないのだろう。でも、これは海外マターなのだから方便としてやればいいのではないか。

合弁の形でしか進出を許さなかった中国政府の思惑

石平　もし鄧小平《とうしょうへい》だったら、アメリカで現地生産に踏み切ったかもしれない。

高橋　かもしれない。そうすると中国側は資本は出すのだから、株を持つことになる。そこで変に欲を出さず、たとえば議決権を放棄するとか、〝割り切る〟ことが肝要である。それで経営者はアメリカ人、従業員もアメリカ人であれば、誰も文句を言えない。

石平　それと関連してくるのだが、トランプ政権の基本政策に製造業をもう一度アメリカに呼び戻し、もう一度アメリカを強くするというものがある。

中国に対する制裁関税の実質第5弾を発動する発表に加えて、ツイッターのなかでトランプ大統領は「オーダー」という言葉を使って、「アメリカ企業よ、中国を捨ててアメリカに戻れ」と呼び掛けていた。

実際、そうした呼びかけがなくても、制裁関税が長引くと、当然アメリカ企業を含めて多くの外国企業も中国から離れる動きが出てくる。

髙橋　その前に、アメリカが中国が知的所有権を盗んでいると確信している理由を述べてみたい。かつての中国は強制的にアメリカ製品を自国に輸入しない方針をとってきた。しかも、アメリカのみならず、他国からの輸入ができないように意地悪をした。中国なりの思惑があったからだった。アメリカを含めた海外勢は、製品が輸出できないなら現地生産に切り替えようと方針転換した。

それで中国に現地生産を持ちかけると、中国政府は「歓迎、歓迎」と受け入れた。けれども、普通の国ならば現地生産について完全に外資１００％を許すところを、中国は絶対に受け入れなかった。それでどうしたかというと、外資企業と国内企業の合弁企業をつくらせた。

海外勢は仕方なく従い、工場が立ち上がって動き出すと、日本でいうところの独占禁止法の疑いがあるとか難癖をつけて中国政府の役人が調べに入ってくる。実際はそこで海外企業の本社の情報を盗んでいたわけだ。これが日常茶飯に行われており、欧米企業は相当怒っていた。

要は合弁企業経由で相手の技術を盗みまくっていたのだ。それで怒り心頭に発した外資側が「撤退する」と言ったら、「設備や機械はすべて置いていけ」とやられる。今もそんなやりとりがなされている。

ここが欧米のやり方とまったく違うわけだ。資本の自由化をしていない国の典型が中国なのである。古くから進出していた外国企業は仕方なく従っていたけれど、もはや限界にきているかもしれない。

日本企業についても、中国の実態がよくわからないで進出したところが多かった。結局、これからどうなるか。おそらく中国から出て行かざるを得ないけれど、その際には投下資本を全部捨てていく形になると思う。これは日本の企業も馬鹿で、カントリーリスクを無視して、「ラストリゾート」だと信じて進出してしまったからである。

私は中国を目指す日本の企業経営者に対し、アドバイザーとして口を酸っぱくして言ってきた。中国への投資は危ないから、捨て金でやってみるならいいと。中国ほどリスキーな国はないことが、ここにきてみんなに浸透してきたのではないか。

投資をしてもそんなにメリットはないし、中国経由でアメリカに輸出できていた頃ならまだしも、それもなくなった。もう中国に投資しても意味がなくなったから、これからどっと中国から資本が引くのだと思う。

石平　中国はアメリカとの貿易戦争の最中、トランプ政権の政策を批判している。たとえば人民日報は、米中貿易戦争など行っても、中国経済とアメリカ経済の相互依存の肥大化がここまで進んでしまっているのだから、米中を経済的に切り離すのは無理だという論調を掲げている。

「トランプはどんなことをしても無駄骨に終わる」とあるのだが、これは中国の錯覚ではないか？

髙橋　米中の資本交流は実際に今でもあるのだが、もう中国からアメリカへの投資はほとんどない。アメリカが中国資本を受け入れないというレベルに至っているわけだ。今後中国はアメリカから引いていくのみではないか。引いたところで、アメリカ市場を目指す資本はいくらでもあるから、アメリカにしてみれば別段どうということはない。

石平　もう1つ、従来のほぼ定説になっているのだが、アメリカ企業はやはり中国14億人の市場の魅力からどうしても逃れられない。これはどう考えたらいいのか？

髙橋　たしかに魅力はあるとは思うけれど、中国の人口はもう増加しない。人口の観点でいえば、インドのほうが魅力的だ。それにインドは元イギリス連邦の国で英語圏だから、アメリカ企業には楽だ。

石平　現状では、トランプ政権が中国に対する制裁関税を発動すると、多くのアメリカ企業が反対する。しかし、長期的に見れば、中国経済と切り離すことがそうした企業を〝救う〟ことになる。

髙橋　短期的にはみんな反対するに決まっている。企業にとり短期的な業績は重要だからだ。しかしながら、少し長い目で見れば、インドとオーストラリアのほうが楽に決まっている。

日本も結構英語が通じるから、日本とオーストラリアとインドに軸足を移したほうが楽なのだ。安倍首相はそれを認識しているから、安全保障面における価値観が通底するアメリカ、オーストラリア、インドなどと組む「ダイヤモンド安保戦略」を進めている。これはインド・太平洋で拡張的な活動を展開する中国に対抗するために日米主導で合意したもので、のちほど詳細に語るつもりだが、同時にダイヤモンド安保戦略の参加国で一大経済圏をつくる構想も進められている。

石平　そうか。市場規模としても中国よりもはるかに大きい。

髙橋　インドだけでも大きい。今でも大きいし、今後の発展を考えたらそれで十分だと思える。実はこのダイヤモンド安保戦略は第1次安倍政権のときに発案された。発端は、中国は社会主義国でどうしても違和感を捨てきれないという意見からだった。

憲法より共産党が偉いという感覚が持てない日本人

石平　去る8月18日の週、トランプ大統領は中国問題に関して1日で10のツイッターを打ったことがある。そのなかで関税にもふれたけれど、最後は何を打ったかというと、「われわれはもう中国は要らない。むしろ中国はないほうがよかったかもしれない」。

髙橋　米中は制度がまったく異なることから、思い込みで色々とやらかしてしまうことが多いと思う。制度がちがうということ自体、なかなか発想しにくいのではないか。

中国に出て行く日本の企業経営者のほとんどがアメリカと同じだと勘違いしていた。「制度がちがうということはすごく大変なのだ」と何回説明してもわからない。目先のビジネスばかりに関心を持って、「中国でも合弁企業をつくってビジネスができる」と喜んでしまう。「中国から撤退するときにはすべての設備、機械、資産を置いてこなければならない」ということが理解できない。

「資本投下しても中国では工場は持てない」と言っても、その意味がわからない。そんな日本人経営者ばかりだったけれど、最近になって「社内に共産党委員会をつくれ」と地方政府から命じられてようやくわかってきたらしい。それでもまだピンときておらず、「そんな決まりは日本にないでしょう」と質問してきたので、私はこう返した。

「中国では憲法より共産党のほうが偉いのですよ」

彼らには憲法より共産党が偉いという感覚がいまだに持てないのだ。

石平　おそらく資本主義に慣れている人は往々にして、資本主義の基本条件の重要さを忘れてしまう。

髙橋　そう。土地を所有できるのが当たり前と思っている。だから、「中国では土地は所有できないのですよ」と言っても、わからない。「誰が所有するのか?」「国です。国から借りる。だから、国が大家さん」と言ってもポカンとしている。

石平　日本では税金さえきちんと払えば、権力、政治が絶対に企業に干渉しないのは当たり前だ。中国では当たり前ではない。

髙橋　うん。中国では干渉するのが当たり前だ。

石平　今の流れからすれば、もう貿易戦争どころではない。場合によっては、アメリカはまずアメリカ市場から中国を切り離した上で、中国を排除した１つの経済圏、貿易圏を新設するのではないか。もちろん同じ価値観という大前提のもとで。そういう動きをどんどん加速する気がする。先刻、髙橋さんが取り上げたダイヤモンド安保戦略もそのうちの１つかもしれない。

中国がＴＰＰに入れない理由

髙橋　安全保障の裏側にはその国家の価値観が横たわっており、民主国家か否か、社会主義か自由主義かで分かれる。これは安全保障の形成を考えるときにきわめて重要で、一枚岩にならないかぎり、経済圏もうまく機能しない。他の体制の経済圏とは非常にまとまりづらいわけである。

だから、安全保障面での価値観が同一の国たちが同じ経済圏を形成することになる。その典型は、たとえばＴＰＰであろう。ＴＰＰについてはアメリカとは参加を話し合っているけれど、中国は排除されている。

なぜなら、ＴＰＰのなかでただ関税を安くするところだけを見るとＦＴＡという貿易のパターンになり、これならば中国も入れる。けれども、TPPへの参加はそれだけではなく、金融の自由化、さらには国有企業の改革も求められているわけである。
もしも中国がTPPに加入したら、国有企業を廃止せざるを得なくなり、それは中国共産党を解体するような話になってしまう。だから、中国は絶対にTPPには入れない。

石平 米中貿易協議のなかでアメリカが中国に求めてきたものの1つに「非関税障壁」の撤廃があるが、国有企業に対する手厚い補助が慣行化している中国には呑めない話である。ただし、長期的に見れば、むしろこれを呑んだほうが中国のためになる。

高橋 ためになるが、中国がそれを呑んだら中国共産党ではなくなってしまう。

石平 中国という国の将来を考えれば、アメリカの要求以上の譲歩をしたほうが正解である。だが、中国がそうできないのはすべて体制のためだ。

高橋 自分が最高指導者の座に就いている間に、中国共産党の支配が消滅するような状況を招いたら大変なことになる。おそらく習近平はそれだけしか考えていない。
TPPにベトナムが入ったのは、ベトナム政府が覚悟を決めた〝証《あかし》〟ではないか。ベトナムは社会主義国で、中国と体制が似ている。ただしTPPに入ったからには国有企業の改革をクリアしなければならない。したがって、10年スパンでベトナムの国有企業はかなり消えるはずだ。

そういう痛みを覚悟の上でＴＰＰに入ってきた。私自身は社会主義をやめない限り、国有企業の廃止は無理だと思うけれど、とにかくベトナムは動いた。なぜそのような覚悟を決めなければならなかったのか。ＴＰＰに入らなければ、いずれ中国の軍門に下る可能性が高いとする強い危機感を抱いていたからだ。

こうしたベトナムの動きは旧ソ連に支配されていて独立しＥＵに入ったバルト3国（エストニア、ラトビア、リトアニア）の動きと近い。バルト3国は旧社会主義体制と決別し、飛び地にもかかわらずＥＵに加盟した。

ＥＵに入るということは資本が自由化になるということだから、社会主義体制には戻れない。バルト3国も覚悟を決めて動いたのだ。

ＴＰＰについて言及すると、トランプはＴＰＰへの参加を止めたけれど、ポスト・トランプ政権になればＴＰＰに〝戻る〟のではないか。やはり長期的に見たら戻ったほうがいいし、おそらく日本はアメリカが戻ってくる前にＴＰＰにイギリスを入れて、インドも入れると思う。ＴＰＰを完全に自由主義国体制にして、最後にアメリカを迎え入れる。当たり前だけれど、中国は絶対入れない。

イギリスもEUから出て行くところがないからちょうどいいだろうし、あとはどこに入ろうかを考えているインドを誘う。イギリスとインドをTPPに入れてしまえば、これで一帯一路《いったいいちろ》を潰せる。いまはそういう体制間のせめぎ合いをしている最中だ。

石平　おそらくインドはそのチャンスを待っているのだと思う。インドは自信を蓄積して満を持して一気に中国に取って代わる。経済圏の大きさだけを見たら、やはり人口がモノを言う。平均年齢も若いし、インドがいちばんいいタマだ。しかも西側諸国との間にイデオロギー的対立もない。

高橋　先にもふれたけれど、英語圏であることも大きい。英連邦の国は実はさまざまなつながりがあって、結局最後は一緒になってしまう。旧植民地というのでなく、英連邦という同じユニオンジャックの国として連携がある。

中国は、本当はTPPに入りたいはずだ。だから、ベトナムみたいに覚悟を決めて飛び込んできたほうがいいと、私は思っていた。だが、いまの習近平にはそれはできない。

一帯一路の債務国に対する中国の信じ難い振る舞い

石平　できないからこそ、習近平はTPPと対抗するためにTPPよりさらに広範囲な「一帯一路」で動き出した。そもそもなぜ中国はユーラシア大陸とアフリカ大陸を巻き込んで、陸路・海路の両方から一帯一路というインフラ投資プロジェクトを進めなければならなかったのか。

髙橋さんも知ってのとおり、中国は国内消費が徹底的に不足しているなか、生産能力、設備投資を膨張させて、経済成長を支えてきた。その膨張の度がすぎていた。たとえば、鉄鋼産業。現在の鉄鋼の年間生産能力は、設備をフル回転すると世界全体で23億トン超。中国の生産はそのうちの半分以上を占める。

ところが現実には、中国国内ではすでに完全に生産過剰となっており、国内の鉄鋼需要は7億トンにもならず、需要減が続いている。

中国政府としては、余った半分以上の生産能力を削減したいところだが、そうすればこれまでの投資が無駄になるのみならず、大量の労働者の解雇にもつながってしまう。

中国政府はこの問題の解決を中国主導の海外プロジェクトに求めた。過剰生産能力、過剰在庫を外に向けて活用する以外にないと考えたのだ。新興国で鉄道、港湾、道路敷設プロジェクトを行っていけば、過剰生産能力問題はおさまり、国内に膨大に溜まった余剰鉄鋼や原材料は新興国に輸出することではけてしまうではないか。海外プロジェクトには、中国国内で職にあぶれた労働者を大量に送り付ければいい。中国は勝手にそう考えた。

言ってみれば、一帯一路は中国のお家の事情から出発した実に〝身勝手〟な経済圏構想であった。

髙橋　どう考えても無理筋だ。スリランカ、パキスタン、ミャンマーをはじめ、すでに各国でトラブルを起こしている。この3国はいちおうは英語圏だから、イギリス、日本、あとはインドあたりが乗りだしたら、一帯一路からすぐに抜けると思う。なぜなら、旧宗主国を相手にしたほうが楽だからだ。

それに一帯一路に参加し、中国から借り入れを行うのはきわめてリスキーと言わざるをえず、中国の「債務のワナ」に嵌《は》まった国々は悲惨な目に遭っている。一帯一路プロジェクトを進めた国が返済を滞らせると、中国は委細構わず強硬手段に出て、港湾などの運営権を奪っている。

あれは悪質な国際サラ金だ。国際社会であした例は珍しい。あれが中国式なのだろうが。

石平　国際社会にはないけれど、大阪には中国式がある。高利貸しのヤクザが何もかも奪っていくナニワ金融道が。

髙橋　国際社会には各債権国の代表者の集まりである「パリクラブ」があって、先進国を中心として現在22カ国が参加しているが、そこが常識的なルールに則って調整を行うことになっている。当然、パリクラブには、一部の議論を除いて中国は入ってない。債務国が返済できなくなったとき、リスケジュールにより返済可能な線に修正する。あるいは返済を猶予するのがパリクラブの役割。

中国のように「土地をよこせ」「99年間の運営権をよこせ」とする強引な振る舞いは、戦争を誘発することになるのでご法度だ。一帯一路でそれを平気でやっているのは信じ難い逸脱行為としか言いようがない。

石平　ただ、ああいった中国の行動により、だいたいアジアの国も中国の本性を認識できたはずだ。ヨーロッパでそれに飛びついたのはイタリアの連立政権だった。だが、その連立政権が混乱と迷走を続けており、先行き不透明になっている。

髙橋　中国に与《くみ》したイタリアの首相の感覚が普通ではないような気がした。これまでドイツも中国に飛びついて、大火傷を負った。

日本の債務国に対する姿勢は、欧米の標準的なやり方だ。返済が滞れば、ちょっと猶予して、リスケして、長い期間をかけて返してもらう。

石平　中国の振る舞いを見るにつけ、共産主義体制のイデオロギーと、中国そのものの限界を感じざるを得ない。要は、世界のシステムをつくりあげるのは中国には無理なのである。世界地図をまとめるほどの価値観、文化がないからだ。

髙橋　一帯一路を始めてみたものの、世界との標準がちがい過ぎるからなかなかワークしない。ＡＩＩＢ（アジアインフラ投資銀行）も設立したけれど、結果的にワークしていない。日本の専門家にノウハウを乞うたそうだが、さすがに返済が滞っている相手国の土地を取り上げろとは教えていないと思う。

第2章

中国の実力を検分する

外貨準備高に見るカラクリ

石平　ＡＩＩＢにしても一帯一路にしても、途上国へのお金のばらまきは、中国が豊富な外貨準備を持っているからできるわけである。ところが、経済が沈没して、アメリカとの貿易戦争が長引けば、中国の外貨準備も枯渇していく。

高橋　中国の外貨準備高については一応ＩＭＦに報告しているけれど、あの数字はおそらくちがうと思う。ただし、正しいものもあって、それは中国の貿易統計だろう。中国の貿易相手国の輸入額と中国の輸出額を照らし合わせてみると、だいたい一緒になっているからだ。

石平　そうか。それは簡単に捏造《ねつぞう》できない。

高橋　ただし、これだけでは外貨準備高は計算できない。貿易黒字の累積額と対外債権の純対外債権額の金額は一緒だから、中国の対外債権額は多分正しい。一方、一国の持つ対外債権について政府と民間に〝分ける〟作業を行い、政府部門の対外債権の分が外貨準備高となる。

ところが中国の場合、政府と民間の境がまったく不透明なので、政府がどれだけ持っているのかがわからない。中国が貿易黒字を出している限りは、対外債権を持っているのは間違いない。あるのは間違いないのだが、日本的に考えると、政府が持っているのは対外債権のうちのごく一部でしかない。

したがって、中国政府が発表している外貨準備高については数字を大きく操作している疑念は常にある。

だから、中国が為替市場に介入するときに人民元建てにしていると言う人がいるのだが、いま述べてきたように元の数字がちがうから信用できないと思う。

けれども、対外債権については一定額はあるにはある。ただしこれは為替に依存するものだから、増えたり減ったりする。中国は為替を自由にしていないから、この対外債権の評価もなかなかしづらいわけである。

為替操作国でないことのいちばんの証明は、その国が資本の自由化をしているかどうかなのだが、中国は絶対にこれができない。資本の自由化をしない限り、為替を操作している国という〝看板〟を背負っていることに等しい。資本の自由化をしなければ為替の自由化は不可能なのだが、中国は政治的に踏み切れないだろう。

ＩＭＦが人民元をＳＤＲ（ＩＭＦの特別引き出し権）の構成通貨に採用したが、これについては人民元での貿易額が増加した結果に対する追認措置に過ぎない。実際には人民元は国際通貨とは呼べない代物だし、中国政府に制約、管理されている。

石平　アメリカがいまさら中国を為替操作国と認定したのは心外であった。中国にすれば、俺たちはずっと頑張って操作してきた。操作しているからこそ人民元対米ドルのレートが安定していたのだぞ、と。

髙橋　アメリカも中国が為替操作をしているのはずっと前から知っていた。ＩＭＦのボードメンバーで変動相場制でないのは中国のみ。さすがにＩＭＦのなかでは、「わが国は変動相場制だ」とは中国は言えない。為替操作しているのは知れ渡っているから、ＩＭＦに対してもそれを届け出ている。

今回、アメリカが今さら中国を為替操作国に認定したのは、すなわち「資本の自由化」を〝要求〟しているということ。でも、資本の自由化は中国にはできない。資本の自由化などしたら中国は社会主義ではなくなり、共産党の一党独裁国家ではなくなるのだから。

だから、これはアメリカが、中国が絶対にできないのをわかっていて、わざと言っているわけだ。

石平　問題は、もし中国政府が為替操作をしなければ、要するに市場に任せる、人民元の本来の価値に任せるならば、人民元は暴落するということだ。

髙橋　人民元相場を自由にすること自体、海外の資本取引を全部入れるということだから、中国にはできない。それができないから、人民元の暴落はおそらくはない。

「中所得の罠」に嵌まった中国

石平　ということは、中国が、たとえば制裁関税を相殺するためにわざと人民元を安くする。そういう戦術にも限界があって、そう簡単にできるわけがない。

中国が直面している問題として挙げたいのが、経済が輸出に頼っていると同時に、国民生活は輸入を頼りにしていることだ。先端科学技術の部品でなく、中国は世界一の石油輸入大国、世界一の食糧輸入大国となっている。

中国は国民1人当たり100キロの食料を輸入している。外貨が枯渇して輸入ができなくなると、中国国民は食べていけなくなる。そうした状況下でも石油の輸入についても最低レベルは確保しなければいけない。

だから最低限の外貨を確保するために貿易を拡大する必要がある。しかし、いま中国の貿易は全体的に縮小している。にもかかわらず、一帯一路で世界中にお金をばらまく。もうこの中国モデルは無理ではないか。

髙橋　中国の統計のなかで唯一正しいのは相手がある貿易統計のみだ。これがかなり縮小しているのは中国経済がすごく悪い方向に行っていることを示唆している。貿易戦争をアメリカとやらかしている場合ではない。

無謀な貿易戦争の結果が今の中国の状況を招いている以外に、他の要因もあると私は考えている。経済理論のなかの発展理論においてかなり正しいらしいと評価されるものがいくつかあるのだが、いちばん有名なのは「中所得の罠《わな》」というもの。どういう理論かをざっくり言うと、経済発展の段階で、中所得の段階（1人当たりGDPが1万ドル程度）になると経済が停滞してしまい、先進国入りを逃すというものだ。

現在の中国は（あくまでも「大本営発表」だが）、1人当たりGDPは8000ドル超で、中所得の段階に届きつつある。これまで世界で中所得の段階を超えている国は、ほとんどが民主主義国、自由主義国であった。

民主主義国、自由主義国がなぜ中所得の段階を超えられるのか。ミルトン・フリードマンというノーベル経済学賞を取った学者が著書『資本主義と自由』のなかで、「民主主義国にならないと資本主義は発展しない」と喝破している。

個人の自由が確保されないと経済的自由が確保されないというところを演繹《えんえき》しているわけで、これと「中所得の罠」を結びつける理論が強く支持されている。そうすると中国が「中所得の罠」を超えられないという答えを簡単に導くことができる。

中国はすでに「中所得の罠」に嵌まってしまっている。この視点からも、アメリカと貿易戦争をやっている場合ではない。「中所得の罠」を超えるためにすべきは、外国からの技術移転もそうだけど、外国から資本を入れることにより自由な国になるというのが〝正攻法〟なのだが、中国はそれと真逆のことをしている。

最初にトランプに中国への警戒心を植え付けたのは安倍首相

石平　習近平は昨年からトランプ政権に対して判断ミスを続けてきた。トランプ政権の本質、考え方について完全に見誤ってしまった。

トランプ政権が誕生したとき、中国共産党と習近平政権はタカを括っていた。「トランプなんかせいぜい商売人」だと。中国人は袖の下の使いかたが上手い。「トランプのファミリー、あるいはトランプの企業帝国に利益供与さえすればトランプはなんぼでも中国のために動く」というわけだ。

大統領選の当時、中国側はむしろヒラリー・クリントンのほうを恐がっていた。ヒラリーが当選すれば、人権問題とか民主主義を掲げて攻勢に出る恐れがあるからだ。

だからトランプが当選したときには喜んだ。

「あいつは絶対に中国と商売したがっている。商売しか語らない。だから一番与《くみ》しやすい」

しかし、フタを開けてみたらそうではなかった。

髙橋　実は習近平が読めていなかったことがあった。安倍さんが最初にトランプ邸に行ったとき、ほとんど中国の話をしていた。「中国はこういう国だから危ない」と安倍さんに懇々《こんこん》と言われた。だからトランプはそこで強烈なインプットをされて、中国を警戒するようになった。

そこでオバマが米議会から猛烈に批判を浴びていたのは中国についてだったことに、トランプは気づいた。そこからトランプは「オバマのやったことはすべて踏襲しない。ちがうことをする」と言い始めた。

一度習近平もトランプの別荘に呼ばれた。そのときにシリアにミサイルを撃ち込んで、わざと食事会の席で何も知らない習近平に告げ、慌てさせた。だから、トランプ政権が中国に対して厳しくいく戦略は早い時期から練られていたと思う。

石平　なるほど。

髙橋　だから最初にトランプが安倍さんからインプットされたことが〝分かれ目〟だったと思う。西側諸国の人から見たら、やはり中国は体制が違うからやりにくい。それを安倍さんはよく承知していたわけだ。たとえば2016年にG20を開催した杭州《こうしゅう》、ここはアリババの本社があるところだけれど、このG20が西側の首脳に非常に評判が悪かった。

石平　開催地である杭州の市民の大半を市外に追い出し、店舗を数日間休ませた。要は、杭州市全体をG20の犠牲にしてしまった。あの当時、まだ中国にのめり込んでいたオバマだったが、ああいう習近平のやりかたを見て、鼻白んだようだった。ようやく中国の本性がわかったのかもしれない。つまり、西側の首脳に恐怖感を与えたわけだ。「こんな体制は怖いな」と。

髙橋　あの当時、まだ中国にのめり込んでいたオバマだったが、ああいう習近平のやりかたを見て、鼻白んだ。ようやく中国の本性がわかったのかもしれない。

石平　西側の首脳に恐怖感を与えたわけだ。「こんな体制は怖いな」と。

髙橋　このときのことを安倍さんに聞いたことがあるのだが、「やっぱり中国のやり方はちがう。これは異質だ」というのが西側首脳のコンセンサスだったらしい。

石平　習近平が愚かなのだと思う。習近平は、自分の命令1つでこの街がいかようにもなることを、首脳たちに見せつけたかったのだ。けれども逆効果で、西側首脳に違和感と恐怖感を与えてしまった。たしかオバマはそのときに杭州でゴルフをするつもりだったのだけれど、中国側にすべてのスケジュールを決められてできなかった。

そして安倍首相は、習近平と真逆のことをした。安倍さんは、泊まったホテルのスイートルームを掃除するおばさん宛にメモを残した。「お世話になりました。ありがとう」と。

それをホテルのスタッフがスマホで写真を撮ってSNSで広げて、中国人はみんなびっくりした。異国の総理大臣が掃除のおばさんにそんなことをするなんて。

逆にそれで習近平の皇帝ぶりが際立ってしまった。ある意味、安倍さんは意地が悪いなと思った。

髙橋　西側の指導者は、そうした西側の民主主義に慣れ親しんでいるから、それが普通だと思っているし、それ自身に意味があると思っているから、中国は異質だと感じてしまったのだろう。

石平　たとえばトランプが北京を訪問したときには、紫禁城《しきんじょう》の観光客を全部追い出して、紫禁城をトランプと習近平のためだけのものにした。そうした振る舞いをトランプはどう捉えたのだろうか。

工業化より消費化に進んでしまった悲劇

石平　ここからはテーマを最先端分野に関する米中の覇権争いに転じてみたい。ただ正直に言うと、中国が2025年までに「製造大国」から「製造強国」へと変わり、世界のハイテクはじめ、ロボット、宇宙、バイオなど先端技術分野でアメリカとしのぎを削るのだと聞かされても、私にはピンとこない。

なぜならこれまで技術の物真似しかできず、独創的な技術などなかったのに、中国がどうしてそんな強気なことを言えるのかさっぱりわからない。私のイメージではまだアメリカ、日本、ドイツなどには何十年間か遅れをとっている。

髙橋　中国の学者のなかにも世界最先端の研究をしている人はいる。けれども、その研究が産業に結びつくのにはそうとう時間がかかってしまう。何か素晴らしい研究成果があったとしても、すぐに産業化に結び付くことはない。

「中所得の罠」について私が書いた論文にはこうある。先刻論じたとおり、中国が中所得を超えそうもないのは、民主主義ではないことが1つ。加えてもう1つの理由がある。それは工業化を〝先進国並み〟に進めないと、「中所得の罠」は超えられないということである。

中国の場合、先進国並みになる前に、工業化の先、消費化に進んでしまった。したがって、これまでの歴史を見ると、中国は「中所得の罠」を超えられない、克服できないという答えが出てくるわけだ。

実際、中国の技術力はお世辞にも高いとは言い難い。もっと言えば、全然たいしたことはない。いまファーウェイやZTEのスマホが5Gの時代を切り拓いたとか自画自賛しているが、ほとんどは他国の技術を借りて安くつくるのが中国の製造業だから、中国発の革新的技術はほとんど見当たらない。

石平　髙橋さんから見て、現在の中国の製造業のレベルは日本のいつの時代なのか？

髙橋　製造業の技術を発展させる前に消費経済に移行してしまったから、日本でいうと昭和30年代～40年代レベルという感じは否めない。

中国はいろいろなハイテク技術を持っているし、プライバシー無視の世界だから、ＡＩや自動運転は日本など足元にも及ばないと、勘違いしている日本人はけっこう多いのではないか。そうした技術は軍人には役に立つかもしれないけれど、消費経済ではあまり役に立たない。

石平　特に日本のマスコミの一部の論者が、中国に行ったら現金が要らないキャッシュレス社会になっていると大騒ぎをしている。中国の技術がもう日本を遥かに超えたような論調でモノを言っている。

髙橋　あれは中国の紙幣がニセ札が多いから、それだけのことだ。流行りのＱＲコード技術は日本のもの。キャッシュレスについては、固定電話が設置できる予算がなかった途上国が、携帯電話に飛びついたのと同じような話だと考えればいい。

中国がプライバシーを無視していろいろなデータを集めているのは事実だと思う。日本の研究者は、中国の顔認証技術については驚くかもしれない。けれども、それを商業ベースで西側諸国で使えるかというと、また別の話になる。

たしかに中国が技術で突出している部門は何個かある。たとえば携帯でもファーウェイとかZTEとかそこそこのものは出しているが、アップルにはまったく及ばない。

石平　携帯にしても、肝心の心臓部分の集積回路のほとんどをアメリカから買っていた。

髙橋　あとはそっち方面ではイギリスの半導体企業が世界の中心になっている。中国の先端技術の研究ですごいものがあるのは事実なのだけれど、商業ベースではまったく遅れてしまっている。

石平　基本的には中国が世界的にリードする産業はない。

髙橋　中国企業がリードできるとしたら、他国のいいとこ取りをして価格が安いというレベルでしかない。革新的な技術を用いた製品など聞いたことがない。

ようやく他国のレベルに追いついた中国のGPS

石平　そういう意味では、マスコミが喧伝する米中の先端技術の覇権争いはそもそもバカバカしい話ということか。

髙橋　20年か30年先にはあるかもしれない程度のことではないか。5年ぐらいのスパンで見たら、それは考えられない。そんなことよりも、アメリカがファーウェイとZTEを潰してしまうと、中国から10億のコンシューマー製品が消えてしまうことを、中国は心配したほうがいいのではないか。

石平　貿易戦争はアメリカに負ける。価値観、イデオロギーも負ける。おそらく経済圏からも中国は排除されてしまう。残るは軍事面か。

髙橋　軍事面の目は少しはある。あれだけ金を突っ込んでいるのだから。だが、航空母艦はたいしたことはない。もともと海洋国家ではないから仕方がないのかもしれないが。

戦闘機についてはロシアのコピーだけでなく、おそらく自前で製造しているのだと思う。衛星もそこそこ打ち上げられていることから、軍事大国にはなっている。

たとえば最近の中国のＧＰＳはすごいと言われているけれど、あれは衛星をたくさん打ち上げればそうなるものなのだ。それで中国製の性能が良いかといえば、他国と同じレベルならばできる、その程度ということではないか。

これまでＧＰＳについて、中国はGoogleのソフトを使っていた。日本の「ポケモンゴー」というソフトはＧＰＳを使うから、中国では遊べない。他国のＧＰＳを真似て、同程度のことができるようになった。これが実際の中国のＧＰＳのレベルである。

それを日本とか他の国が使うかといえば、衛星を全部打ち落とされたら中国製を使わざるをえないけれど、そこそこ残っていれば日本のを使うと思う。中国はようやくGPSを自前で製造できるようになったとはいえ、決して他の国を凌駕するようなGPSではないわけである。

30年間も騙され続けた日米

石平　胡錦濤政権時代での中国のもっとも根本的な国策は、絶対にアメリカを敵に回さない、常にアメリカとは協調姿勢で行く、であった。

実は鄧小平は非常に詐欺的なやり方で対米協調路線をとった。とにかく韜光養晦《とうこうようかい》で中国の野心を一切言わない、仄めかさない。30年後に何をやりたいかを一切胸に秘め、包み隠した。

表向きには西側とうまくやろう、共存共栄で行こうとソフトな顔で合流する。それにアメリカはまんまと騙されて、日本も含めてここ30年間、中国に技術を貢ぎ、お金を貢いだ。中国はこれを使って経済を成長させた。さらにアメリカや日本は中国に大事なマーケットも提供した。それを利用した中国は輸出主導で、貿易黒字を稼いだ。

こうしてそここの成功をしてきたところで、中国の最高指導者が賢明であれば、あと10年ぐらいは我慢をするのだろう。あるいは10年ぐらいさらに鄧小平のやり方を続けるのだろう。

仮にいまの中国の最高指導者が懐が深く、あと10年間我慢したら、もうアメリカも日本もどうにもならないかもしれない。幸いにも、習近平が指導者となり、本性を剝《む》き出しにして「先端技術分野でアメリカと競う」「一帯一路を打ち出して、アメリカを市場から排除する」「軍事力を増大して南シナ海、東シナ海からアメリカを追い出す」とやらかしたので、完全にアメリカを怒らせてしまった。

髙橋さんはアメリカ全体の雰囲気をどう捉えているのか？

髙橋　今回は韓国がＧＳＯＭＩＡ《ジーソミア》を破棄したことから、アメリカも安全保障の観点ではよりセンシティブになっているのではないか。２０１０年ぐらいから米議会は中国の野心に気付いていたけれど、オバマ政権のほうはその前の流れに乗って親中国に傾いていた。

石平　だが、オバマ政権はその当時、リバランス政策を唱えて、結構中国を意識していたのではないか。

髙橋　意識はしていたけれど、やはりオバマは緩くて、いずれ中国は民主化するだろうとする甘い考えだった。結果的にはそうではなかった。日本も騙された。日本は天安門事件以降はもう騙されっぱなしで、私も、正直言ってちょっと恥ずかしいくらいだ。

天安門事件直後、日本が中国を支えて国際社会に復帰させていく仕事の一環で、私は中国に出向いたことがある。日本の政治家が中国の円借款を決めたため、大蔵省の人間だった私はその手続きの仕事で訪中したのだ。当時の私の役職は課長の下の課長補佐だったが、本来なら国賓が泊まる北京の釣魚台《ちょうぎょだい》に泊まったほどの厚遇を受けた。

北京空港に着いたときもすごかった。飛行機を降りた場所に車を横付けしてくれ、そのまま税関なしで空港をあとにした。そうした扱いを受けて、みんな騙された。

石平　あの頃の中国は国際社会から孤立して、もう日本は〝命綱〟のような存在だった。

髙橋　そうだった。西側のバッシングは半端ではなかった。われわれのトップはせいぜい大蔵省の局長クラスなのだが、人民大会堂で会ったカウンターパートとして出てきたのがなんと中国の副首相だったので、びっくりした。加えて、財政部の部長も従えていた。

石平　当時の北京ではまだ戒厳令が敷かれていて、欧米から訪れる人などいなかった。

髙橋　そんなときに日本から政治家も役人も財界人も北京詣でをし、みんなめでたく騙されて、円借款をどんどん進めていったのだ。

中国に残された2つの道

石平　貿易戦争がこのまま続くとなると、経済から安全保障まで米中関係がますます悪くなるのは必至。そうなると基本的にはかつての米ソ冷戦とほとんど同じような状況になるということか。

髙橋　似ているかもしれない。安倍さんとトランプの戦略は完全に一致している。その証拠に、日米の貿易交渉はあっと言う間に終わってしまった。

私が安倍さんに近いのを知っているアメリカ大使館の公使が「髙橋さん、今回の落としどころはどこですか。どういうところを狙っているのですか?」と聞いてくるから、私は「日本はけっこう簡単だよ。はっきり言うと、TPPと同じレベルだったら、絶対文句は言わない。TPPをちょっとアメリカ側に譲っても、文句はない」とそれだけアドバイスをした。

石平　米中冷戦の時代が訪れても、日本はうまく立ち回って、結構有利な立場にいるかもしれない。

髙橋　私は問題ないと思っている。米中が対立すればするほど日本には漁夫の利がある。加えて、トランプもさすがに日本にきついことを言ってこない。あれだけ文句をつけたがるトランプも、安倍さんには難しい注文はつけない。なぜなら袂《たもと》を分かって、日本が中国と親密になったら、アメリカが難儀をするからだ。いずれにせよ、日本には痛みはないと思う。

石平　大きな視野で俯瞰すれば、今後の米中の対立はどういう局面になるのか？

髙橋　最終的には、やはり根源的な問題で、民主主義を尊ぶか、尊ばないかということになる。そうするとあのトランプですら、おそらくウイグル人の迫害問題を持ち出してくるだろう。本来は人種差別的な考えを持つトランプにそんなことを論じる資格はないのだけれど、「こと中国に対しては言う資格がある」と言い張る。

もう1つ、香港の混乱についても、トランプは攻撃材料にするだろう。一国二制度を約束した中国が民主主義、自由主義を受け入れないのはおかしいとアメリカ側は思うからだ。

石平　そうなると、中国に残された道は2つしかない。1つは、自ら中国共産党独裁体制を捨てて民主主義社会と融合する。もう1つは、最後まで独裁政権を守って潰される。

髙橋　最後まで独裁政権を守ろうと頑張ると、おそらく旧ソ連の二の舞となる。これまでは石さんの言うとおり、中国はうまく立ち回って東ドイツみたいな悲惨な思いは味わっていないが、このままでは旧ソ連のように崩壊の道をたどるほかない。

社会科学の議論では自由主義や民主主義を敷いている国家のほうが〝無難〟だと結論づけられている。これは先に言及した「中所得の罠」の理屈と重なるけれど、何よりもこれまでの歴史が共産主義、社会主義がうまく機能しない事実を裏付けしている。

石平　いまの中国の指導者はそうした〝大局観〟を持っていない。逆に彼らは民主主義国家よりも自分たちの独裁体制のほうが強いと考えている。たとえば関税の掛け合いをする貿易戦争に関しても、アメリカでは企業や農民たちが文句を言う。けれども、中国では黙って耐えるしかない。

ラプラスの悪魔

髙橋　アメリカはやはり自由主義経済、資本主義経済を敷いているから、国内がどういう風なリアクションを起こすかが予測できるわけである。先に私が示したように、段階的な関税のかけ方をすれば国内価格は上がらないことがわかる。価格が上がらないうちに中国企業から税金をとって、この分をアメリカの農民に渡せばいいと。

なぜそういう知恵が出てくるかというと、アメリカ側は自由主義経済のなかではオールマイティーは絶対にあり得ないことを理解しているからだ。

アメリカ側には、中国がG20杭州サミットで行ったようなすべてをコントロールすることなど考えられない。自由主義経済を敷いている限り、価格競争力のある中国製品の関税を高くしたら、アメリカ国民から猛反発を食らう。アメリカ側はそれを知悉《ちしつ》していた。

石平　中国が共産主義体制、あるいはマルクス主義を絶対視したいちばんの間違いは、一部の人間の頭で社会のすべてをコントロールできると信じたからである。

髙橋　「ラプラスの悪魔」という物理学の概念がある。大づかみに言うと、全知全能の神みたいな人間が世の中の事象をすべてコントロールできるかというと、やはりそれは不可能であるということ。これは実は自由主義経済のなかにいると認識できる。コントロールできないのを前提に、さまざまな手当をするから無難なのだ。

一方、共産主義や社会主義の人の頭のなかには悪魔がいて、コントロールできると思い込むから収拾がつかなくなる。

石平　習近平は頭が悪いのに自分が全知全能だと信じている。

髙橋　そう思っては駄目だ。日本国内では安倍さんの悪口はいくらでも言える。安倍さんも、そういうものだと思っているし、悪口を抑えるのは無理。

これが中国だと、NHKが中国政府に都合の悪い内容を放送したとたんにプチンと切れるし、インターネットでもすぐに削除されてしまう。あれができたら、権力者は楽だと思う。

石平　独裁者にすればいちばん楽だ。しかし最後、すべてそのツケが回ってくる。要するに、このままいくと最後は、習近平の耳になにも正しい情報が入ってこなくなる。

髙橋　習近平にそのツケは回ると思う。習近平はツイッターをしているのだろうか？

石平　見ているかどうかはわからないが、ツィートを打っていないことは事実だ。

髙橋　だろうね。安倍さんもトランプもツイッターができる。習近平にはおそらくツイッターをする自由がない。習近平がツイッターをしていて、そこに変な書き込みがあったら、そこで切らなければならない。日本ならば安倍さんに対するとんでもない悪口を平気で書ける自由がある。それは短期的にはまずい場面もあるけれど、政治のトップは長期的にはやはり謙虚にならざるを得ない。

石平　米中関係のまとめとしては、結局、中国に勝ち目はなく、現体制で潰されるか、それとも降参するかということになる。

髙橋　短期的には資本主義と民主主義の弱点を狙って、中国はいろいろと仕掛けてくる。たとえば中国の常套手段で、テレビコマーシャルなどでアメリカを猛烈に悪者にして、それがニュースに出るようにしていく。いわゆるフェイクニュースでアメリカを攻撃する。

資本主義社会はお金がすべてだから、お金を使えば何でもできるのだけれど、それが中国の仕業なのが見え見えに透けているわけである。最終的にはそういうのは賛同を得ないから、結果的には使ったお金が無駄になってしまう。

中国の人で外に出て行った人はこういう仕掛けがわかるのだろうが、国内にいてはわからないのではないか。

石平　わかる人にはわかると思う。わかりすぎて、逆に共産党政権の言うことは何でも嘘だと思ってしまう。

第3章

粉飾の大国

投資の失敗という概念がない中国

石平　昨年12月、中国人民大学国際通貨研究所副所長の向松祚《こうしょうそ》という経済学者が、「中国のGDP成長率が6％もあるのは嘘で、せいぜい1％台、場合によっては0％の水準である」と述べて、世界から注目を浴びた。

中国の国家統計局は昨年の固定資産投資（農村地域は含まず）が63・5兆元に達したと公表しているのだが、昨年のGDPは約90兆元。つまり、GDPの7割以上が固定資産投資に回っていることになっているが、そんなことはありえるのか。

高橋　どこの国もいちばん構成要素が大きいのが消費だ。国によっても異なるけれど、たいていはGDPの5割から6割が消費に回る。だから、固定資産投資が7割というのはありえない。

石平　固定資産投資についての数字自体が正しいかどうかは別にして、中国経済を固定資産投資が支えている面が非常に大きいことは確かだ。言われたように、一般の国のGDPに対する消費は5、6割で、日本は6割少々、アメリカは7割。けれども、中国の個人消

中国の経済成長率の推移(四半期、前年比)

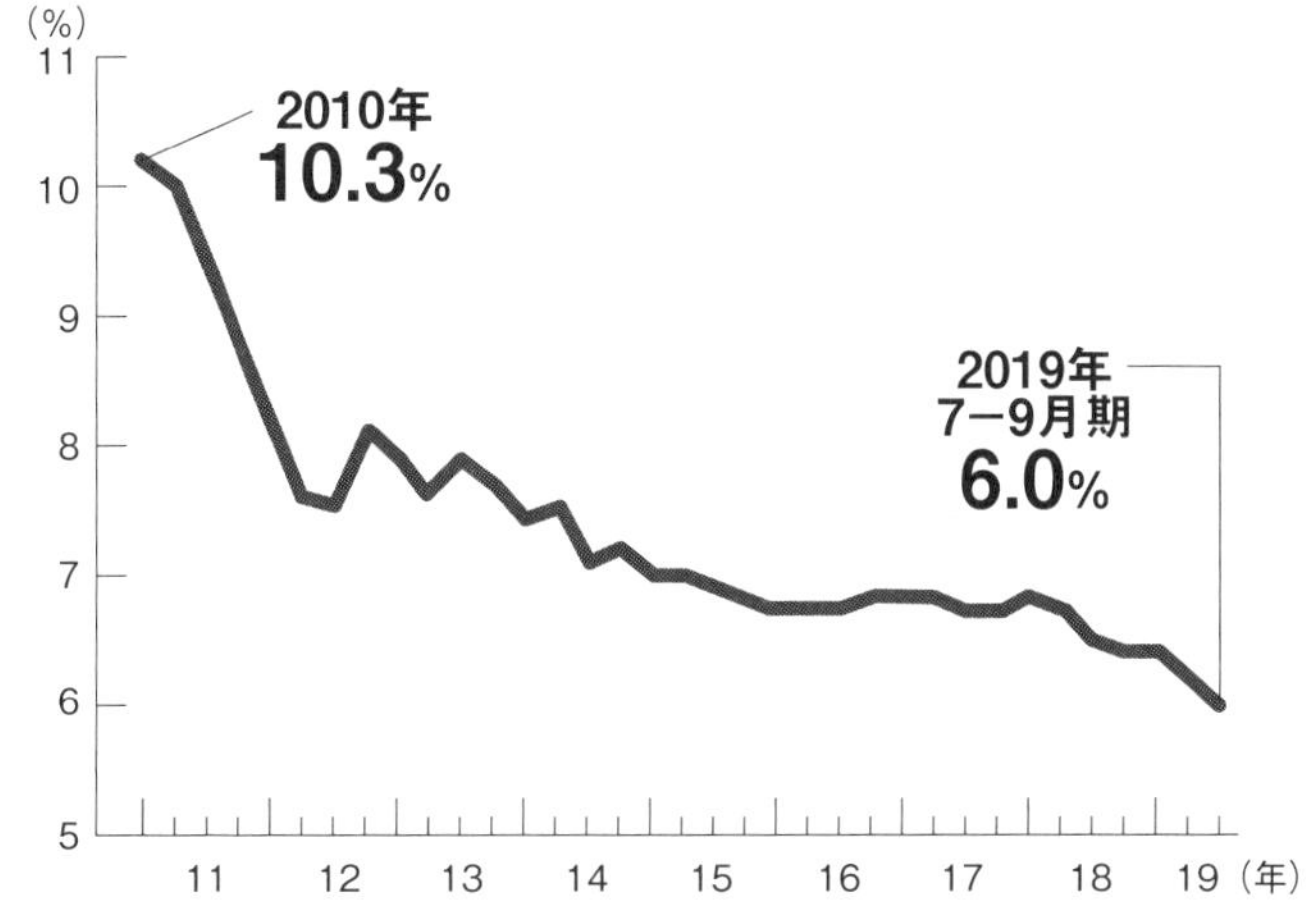

出所:中国国家統計局

費率はせいぜい37%前後でしかない。

ただし、10年前に中央政府が出したGDPに対する消費は48%もあった。ということは、経済規模が大きくなるに従い、個人消費の占める割合がむしろ小さくなっていったわけである。

こういう数字を出したことで、中国政府にとりメリットは何もない。この数値が正確であるかどうかは別としても、どう考えても中国経済のなかでは消費が極端に少ない。それを固定資産投資で何とか経済を持ちこたえさせている感じは否めない。

高橋　一般的に投資は採算可能性、要は投資の収益がコストを上回らない限り行わない。これはしごく当然な話で、採算割れすると後で経済を落ち込ませる。だから、中国がそれだけ膨大な投資があること自体ありえない。なぜなら、採算可能な投資などそう簡単には見つからず、たとえば日本ならば、せいぜいGDPの1割から2割あたりである。

したがって、政府が投資案件に関わるとしても、採算基準は絶対に譲れない。その論理に当てはめると、中国については不採算投資がべらぼうに多くないとそんな数字は出てこないと思う。

石平 髙橋さんが言われたとおり、正常な国の経済的論理なら採算が合わない投資はありえない。しかし、中国ではありえたわけだ。しかもこのありえない投資で経済を支えてきた。

髙橋 それは短期間であれば支えられるだろう。10年以上前になるけれど、私は中国政府によく招かれてセミナーを行っていた。たびたびテーマに挙がったのが「不良債権問題」だった。大蔵省にいるときに日本のバブルの不良債権処理のスキームを私がほとんどつくった。つまり、私が日本の不良債権問題の権威なのを中国側は知っていたからだ。

まず、不良債権の問題でいちばん重要なのは、「不良債権かどうかを認定する」ことなのだ。だが、いくらそう教えても、中国側から「不良債権かどうかを認定する」という議論は出てこなかった。

不良債権があれば、「こういうふうに処理すればいい」と教えられるのだけれど、中国側は不良債権はないと頑張る。不良債権がないのにどうして私を呼ぶのか不思議だった。

不良債権とは投資の失敗のことなのだが、中国にはおそらく投資の失敗という概念がなかったのだと思う。

石平　問題は当然ながら、企業側にも金融機関側にもある。

髙橋　あるけれど、実は金融機関がどう認定するかのほうが大きい。

石平　中国の固定資産投資において大きな部分は、企業の設備投資ではなく、政府が行う公共事業投資だ。たとえば、地方政府が投資を行うときに、地方債を発行するとか、傘下の融資平台（投資会社）を使うとか、さまざまなやりかたで資金を集める。しかし地方政府による投資が失敗するということはない。というのは、投資をすること自体が地方政府にとり成功になるからだ。

１つには、投資をすれば地方のＧＤＰが上がる。その投資額がそのままＧＤＰに反映されるのだから、地方政府の業績にもなる。しかも投資プロジェクトをやれば、いまは簡単に賄賂は取れないが、昔だったらプロジェクトが失敗する前に役人たちの懐が潤った。みな金持ちになったわけで、その意味では失敗ではない。

さらに、地方政府の投資プロジェクトに人々が借金をして投資すれば、自分の業績が上がる。この案件が採算に合うかどうかは関係ない。

髙橋　おそらく中国には公共部門における投資について、自動的にチェックする仕組みがないということだろう。どうして日本には自動的にチェックする仕組みがあるのか。「公会計」がきちんと機能しているからにほかならない。投資後に予定された収益が入ってくるかどうかがわかるシステムになっている。

日本の場合は、政府の投資については不良債権率を全部計算して、収入がこの水準に達しなければ不良債権とする基準があるわけだが、中国にはたぶんそれが存在していない。基準がないから、いくら投資をしても失敗は〝ない〟わけだ。

これは企業会計でいう簿価を積んでおくのみで、それを見直す会計がないとしか思えない。仮に見直すと、投資についての将来収益が減るから、簿価がガーンと減る。これを「時価で評価する」と言うわけだが、中国の場合には「時価」もへったくれもない。となると、評価についても見直さないわけだから、投資の失敗がわからない。失敗が表面化しない。おそらく中国はずっとそういう状況に陥っているのではないか。

リーマン・ショック後の景気刺激策に味をしめた中国

石平　実はこの流れをつくりだしたのは中国中央政府だった。その始まりは2008年9月のリーマン・ショックで世界が大不況に苦しみだした翌年、2009年だった。当時は胡錦濤政権時代で、温家宝《おんかほう》が首相を務めていた。

リーマン・ショックは中国経済にもかなり深刻な打撃を与えた。とりわけ輸出企業が低迷したのに対し、4兆元（5850億ドル）規模の景気刺激策を打ち出した。要は、中国政府はケインズ主義を政府ぐるみで行い、強引に乗り切ろうとしたわけである。巨額の財政出動は輸出企業を支援したのに加え、国内の高速鉄道、高速道路、湾岸、空港の整備プロジェクトを一気に押し進めた。

当時、西側がみな大変な苦しみを味わっていたのに中国だけが急速に経済回復できたことを、世界は評価していた。図に乗った中国は、「西側はわれわれに学ばなければならない」と胸を張った。

しかしよく考えてみれば、世界最大の独裁政権が昔のケインズ主義を極端な形でやっただけの話である。実はそれ以来、中国はずっとこの手法に味をしめて、経済運営をあらためようとはしなかった。

2019年8月、中国の中央銀行である人民銀行が出した数字によると、19年7月末時点で中国における銀行や民間融資を含めた社会融資の残高は214兆元に達していた。これは中国の昨年のGDP90兆元の倍以上にもなる。つまり、こんなに大量にお金が出回っているわけである。

ここに何か1つの構図が透けて見えてきた。実体経済が脆弱ななか、消費もまた全然経済を支え切れていない。そこで中央銀行は人民元札をふんだんに刷って、それを原資に財政出動し、公共事業投資を行う。公共事業投資を行えば、それに参加する鉄鋼産業やセメント産業などインフラ関連企業がそのニーズに応えるために設備投資に走る。

中国はこの方程式を繰り返しながら、高度成長を支えてきた。それで2018年になってみたら、固定資産投資がGDPの7割を占めるというとんでもない経済になっていた。

髙橋　どの企業にも財務諸表があり、結果的に投資がうまくいかないなら、財務諸表の数字に反映する。それが周知されるから株価が下がるというメカニズムになっている。国家もまったく同じで、バランスシートに基づいた政府の「公会計」をきちんとつくろうという気運が芽生えてきて、日本が公会計を取り入れたのは１９９０年代の半ばであった。

これにも私は絡んでいて、日本政府は世界に先駆けてバランスシートを導入した公会計システムをつくり上げた。それを見た他国が公会計を勉強したいと望んだことから、私は教師役として飛び回った経験を持つ。

しかしながら、いまだかつて中国が公会計を導入するという話は聞いたことがない。だから、中国の財務に関しては良いか悪いかはわからないし、信用できるデータもない。言えるのは、中国がもう少しきちんとした数字を出さないと、普通の国として扱われなくなることだ。私はＩＭＦに中国に公会計があるかどうかを聞いたことがあるけれど、中国にはないということだった。

ただ、投資成果もわからないで公共投資を正当化するということはありえない。日本政府では公共投資の事前にベネフィット・オーバー・コストを計測し、事後もきちんと成果があったかどうかを計測する。

時々失敗はあるけれど、概ねは事前計測とあまり変わらない。あまりにも事前と事後が違っていたら、国会で叩かれるという世界だから、どこの国も公共投資で誰かが無分別に野放図にボーンとやることはありえない。

石平　だが、中国ではやっている。たとえば中国は２００９年以来、総路線距離２万８０００キロ以上の高速鉄道網を整備した。しかし運営してみると、１年間の収益は借金の利息の返済にもならないていたらくとなっている。

高橋　そういうのを普通は大失敗と呼ぶ。

石平　しかしながら、別の意味からすれば、高速鉄道網の建設は中国の経済成長を牽引してきたことになる。中央政府にしてみれば、採算が合う合わないは別として、毎年それぐらいの高速鉄道を建設したということは膨大な建設資材の需要と、数十万人の雇用を生み出していたことになる。

高橋　とりあえずはそうだが、あとあと借金が残って大変なことになる。

石平　そう。もう１つ中国の借金の事情を報告すると、昨年末に中央政府が公表した国有企業が抱える借金は１０８兆元だった。中国の昨年のＧＤＰが90兆元だから、国有企業の抱える借金が一国のＧＤＰを上回っていることになる。

高橋　借金が多くても資産が多ければたいしたことはない。これも財務諸表を見て判断するしかない。借金がいくら多くても、資産がそれよりたくさんあったら、それはそれでいいわけだ。

だから、やはりきちんとした財務諸表を見なければ話にならない。たとえば日本にも政府が抱えている国有企業があるのだが、そこにはきちんとした財務諸表、バランスシートも備わっている。なぜこれらが必要なのか。きちんとつくらないと、外からの資金調達ができないからである。

中国では一部を除き、国有企業が海外の金融市場から資金調達する件はあまり聞いたことがない。多分政府が全部面倒を見るから、そんなものは不要だということになっているのだろう。つくらないからきちんとした財務状況もわからない。これは「いい加減だ」というそれ以前の話で、きちんとした財務諸表がないかぎり、この国有企業は「何をやっているかわからない企業」でしかない。

自らの粉飾の程度がわからなくなっている中国

髙橋　本来、国家は統計なしでは諸政策を立てようがないから、統計をつくるわけである。そしてこれは至極正確につくっておかねばならない。間違った統計では自分がわからなくなって、動きがとれなくなってしまうからだ。

おそらく、いまの中国はそういう状況ではないか。あんな大きな国をまともな統計なしにオペレートすること自体が不可能だ。指導部の連中は五里霧中のなかで国を運営しているのだろう。

石平 だから、中国の李克強《りこっきょう》首相も大変だ。

髙橋 以前「李克強指数」といわれる3つの指標があって、メディアや一部のエコノミストは信頼を置いていた。電力消費量と鉄道貨物輸送量と銀行融資額の3つ。これも調べてみると嘘だと判明した。これについては詳述しないけれど、この3指標についてもやはり矛盾だらけで、屋上屋を重ねるがごとく嘘を重ねている。

それで私が唯一正しいと思ったのが輸出入統計であった。輸出入統計からさまざま推測すると、中国のＧＤＰは先に石さんが紹介した中国人民大学の教授と一緒で、０％成長程度だろう。

正しい統計は何かを決めないと、全体像が見えてこない。なぜ中国の輸出量が正しいかといえば、先刻も言ったが、相手側の国の統計を合算できるからだ。だいたい一緒だったから、まず正しいと思っていい。

輸入の動きは実はＧＤＰに大きく関係してくる。国内品を買ったら消費、海外品を買ったら輸入になる。だから、どこの国もそうなのだけれど、輸入の伸びとGDPの伸びは明確にパラレルの関係がある。逆にいえば、輸入の伸びからGDPの伸び率を推測できるわけである。それらをもとにして計算すると、ほとんどゼロ成長に近いという結論が導かれてきた。

石平　昨年から今年にかけて、輸入がマイナス成長になっている。

髙橋　かなりのマイナスになっている。けれども凹凸があるからならしてみて、GDPは0かその近辺ではないかと推測できる。そこは他の国とも関係があるから、そういう関係式を使いながらGDPを推測するわけである。

ところが、それはおそらく中国政府の人から見たら、適切な政策を打てないというレベルになるはずだ。

普通に考えるとGDPは国際経済との関係が大きい。中国の場合は国際経済の影響を受けるから、数字が大きくブレるのが当たり前なのだが、全然ブレない。ブレないのは先に数字をつくっているからだとすぐにわかるわけである。

石平　中国政府は対外的に嘘の数字で騙して、自分たちは本当の数字をしっかり把握していれば、まだよかった。

高橋　けれども、実際には中国政府はわかっていない。企業の例でいうと、粉飾決算をする企業があるのだが、あれは本当のことがわかっているから粉飾できるわけである。

いまの中国はどのくらい粉飾しているかどうか、それもわからなくなっているのではないか。おそらく企業経営に当てはめるとそんな感じだと思う。中国政府の人間も実態がつかめていないのだから、本来、アメリカと貿易戦争などしてはいけなかった。

したがって、米中で貿易戦争の落としどころを議論しても、中国の実態がわからない習近平と、トランプはわからなくとも政府としては自国の実態を把握しているアメリカでは話にならない。中国側は自分の粉飾で実態をわからなくしてしまったせいで、適切な対策も打てない状況にある。

民間の好循環を生む知的財産権や特許権の確立

石平　ここで問題を考える角度を変えよう。数字うんぬんは抜きにして、とにかく中国は高度経済成長を遂げてきたのではないか。その証拠に、天安門事件の直後の北京では個人の乗用車はほとんど走っていなかったが、いまはもうほとんどの家庭が乗用車を持っている。

髙橋　投資の話に戻ってしまうのだが、日本みたいに採算に厳しい国は別にして、一般的に政府の投資は不採算部門が多い。だから、民間の投資が多くなければ駄目なのに、中国は民間が弱い。

民間部門の設備投資が主導して、国民所得が増えて消費が伸びる。そうした勢いのあるときに技術革新が起きる。だから、前提は民間部門の投資なのだ。それが中国の場合は民間についてよくわからない。日本と対比すると、中国には民間部門が基本的に手薄だという印象が強い。

石平　民間企業の大半は当然設備投資をする。けれども、はっきり言って技術開発をする気はない。

髙橋　中国が円借款する際、視察した企業は国有企業ばかりだった。中国側は「いろいろな中国の企業を見てください」と言うのだが、民間企業などはなく、日本ならば政府企業にあたるようなところばかりだった。

石平　いや、中国に民間企業はけっこう多くある。しかし、民間企業にはコツコツと技術開発を行うような長期的な視点に立った経営戦略は基本的にない。要するに、その場その場でいかにしてアコギなやり方で儲けるかということばかりに重点を置いている。偽物をつくったり、技術やデザインをパクったり、安いものをつくって外国に売ったり、そうした傾向がまず強い。

普通の国ならば、技術に対する知的財産権について尊敬の念を抱くとか、その仕組みがきちんとしているという大前提がある。それがないのだから、民間企業だってわざわざ知的財産権を重視するわけがない。政府が知的財産権を守ってくれないのなら、それにこだわる意味がないのだから。

逆に、知的財産権を守っていないからこそ、誰も技術を開発する意欲がない。せっかくコストを投入して10年間もかけて開発した技術を一夜にして誰かにパクられてしまう。

高橋　それは制度が悪いとしか言いようがない。日本の場合、海外から投資を認めてもらえないから、知的財産権や特許権に対する制度を先に確立したわけだ。こうした制度を基本的に海外と同じにしておかないと、実は話にならない。知的財産権や特許権が守られるから、民間で技術開発をしてもパクられないし、収益を得られるという好循環が生まれる。

石平　中国の場合は知的所有権の制度がないから、民間で技術開発をしても盗まれる、損をする。そんなことなら、やらないほうがいい。

低コストで他所から盗んだり、あるいはファーウェイがよくやる引き抜きに走る。どこかの企業が10年間かけて研究開発チームで技術開発してきたと思ったら、ある日突然、そのチームそのものがファーウェイに移ってしまう。

髙橋　だから、すべて金でカタをつける。日本の場合はそれをやると前の企業から訴えたりする。それは知的財産や特許権に対する感覚がちがうのだと思う。おそらく中国は西側諸国でないから、知的所有権についてあまりにも無頓着すぎたのではないか。

そもそも技術開発をしたってすぐにパクられるのでは当然、トライしない。それが根っこにあるから、民間の技術開発を伴う設備投資は非常に少なかった。これでは中所得国にはなれない。

石平　だから、中国は政府主導の公共事業の投資で経済を引っ張っていくしかなかった。

髙橋　政府主導の公共事業の投資は需要が拡大するだけで、技術開発には関係ない。技術開発に関係する設備投資をするかしないか、これが最終的な経済成長のカギとなるわけだ。

石平　そういう意味では、中国の経済成長と日本の経済成長は根本的に異なっている。

髙橋　民間の技術開発を伴う投資ではなく、政府の公共事業ばかり。政府公共事業は採算性はある程度意識しなければならないけれど、技術開発とは基本的に無縁だ。

石平　中国は採算性すら無視している。

高橋　採算性を無視しているから、後で大変だ。とりあえず需要はつくれるけれど、民間の技術開発を伴うような設備投資はまったく見られない。政府のただ単に需要をつくるための公共投資はまず長続きしない。

石平　続くわけがない。

高橋　もう限界が来つつある。やはり中国は中所得国の壁を越えられないのではないか。これが常に私の問題意識のなかにある。

第4章

異形の国の不動産バブルと国際ルール

投機対象となり5000万軒にまで在庫が嵩んでいる不動産物件

石平　中国の高度成長を語るときに取り上げるべきは「住宅問題」である。

中国は90年代後半まで都市部には個人住宅がなかった。ゆえに人々には不動産という概念を持っていなかった。住宅については国有企業がつくって、各自に〝供給〟していた。もちろんこれは財産権としての配分ではなく、住む権利の供給であったものの、費用はすべて国有企業が負担してきた。日本ならばさしずめ社宅にあたるだろうか。

このような中国の住宅制度を根本的に変えたのは、1998年に首相に就任した朱鎔基《しゅようき》で、彼が中国の住宅改革を断行した。まずは都市部の住宅の供給制度を廃止し、〝個人購入〟を促す新たな住宅制度を発足、従業員の住宅需要を喚起した。これは折からのデフレ状況を脱却するための、朱鎔基首相による〝消費刺激策〟の一環ともいえた。

朱鎔基は住宅産業を今後の内需拡大の柱と考え、住宅ローン枠の大幅拡大を決定、98年のローンを1000億元に設定した。こうした朱鎔基の動きが奏功し、98年から突然、都市部に住む最大6億人の個人住宅購入に対するニーズが生まれた。

当然ながら、不動産開発については国有企業だけでは足りないことから、民間企業も一斉に不動産開発事業に参入してきた。この空前絶後の不動産建設ブームは鉄鋼、コンクリートから内装産業や家具産業まで、あらゆる産業を潤わせた。朱鎔基は本当に賢い宰相だったと思う。

土地の所有権はすべて国が持っている。土地の使用権については各地方政府に与えられているので、それを各デベロッパーに50年、60年単位で〝譲渡〟するわけである。譲渡金を開発企業からもらうから、地方政府の財政も潤う。

要するに、朱鎔基の住宅改革で、中国政府はとてつもないものを手に入れた。不動産市場の繁栄、関連産業の繁栄、地方政府の財政再建。98年を境に不動産開発業は中国で「支柱産業」と言われるようになった。

不動産業を一国の支柱産業とするのは中国だけかもしれない。しかも、中国人はもともと投機性の強い国民だから、われもわれもとみなが不動産を買い求めるから、不動産価格は軒並み上がった。そうすると実需でなく、投機のために買う人が増えてきた。投機で４軒、５軒も買う個人が出てきた。そうなると、さらに不動産業が繁栄し、銀行の資金はさらに不動産業に回った。

2008年から2017年までの10年間で、中国における不動産ローンに対する貸し出しは7・1倍も増えた。しかも新規融資の4割が不動産業向けだった年もあった。こうした経緯を経て中国の不動産業はどうなったか。

まず不動産価格面では完全に日本の大都市を凌駕した。北京や上海においては1平米で数万元もして、東京都心部をはるかに超えている。

だが、いいことばかりではない。大量にそしてみな投機で買うものだから、在庫ばかりが増え、一説によると5000万軒にまで在庫が嵩《かさ》んでいるという。

そして売れ足もだんだん鈍ってきている。たとえば今年5月の不動産に関する数字を見ると、不動産の販売、面積で前年同期と比べると5・5%も減ってしまった。あるいは、北京・上海では中古物件は値下げに走っている。あるいは最近、中国の国有デベロッパー大手は新規の土地取得をストップした。

髙橋　資本主義でも何でも、不動産は投機の対象になって、よくバブルになる。バブルは世界でどこにでも起きる現象だ。問題は、バブルが弾けた後、どういう風な社会システムでバブルを吸収していくのか、それだけの話なのである。けれども、中国の不動産バブルは弾けない。

石平　不動産バブルは政府が絶対に弾けさせない。少なくとも中国人はそう信じている。

弾けないバブルはない

髙橋　だが、弾けないバブルはない。いつかは弾ける。したがって、それをどうやって弾けさせるのかと、逆にこちらが中国政府に聞きたいくらいである。

普通の国はそこそこのところでバブルを弾けさせて、それを繰り返すだけだ。中国の場合、弾けさせないとマグマがどんどん大きくなるとしか思えない。

石平　ここまで膨らんできたバブルが弾けたら、中国経済は潰れる。問題はここで、弾けたら中国経済が潰れるからこそ、中国政府は絶対にこれを弾けさせないという〝神話〟が逆に生まれた。

髙橋　神話をつくっても、弾けないバブルはない。

石平　いや、中国人は信じている。弾けないと。

髙橋　だが、そういう例は世界のバブルの歴史のなかでかつて1つもない。私はアメリカにいたときに、1980年代以降の世界の170カ国のバブルを研究したのだが、すべてが弾けていた。だから、弾けないバブルはない。重要なのは、弾けたときにどのように損失処理をするのか、それだけである。

石平　いまの中国政府は大変なジレンマに陥っている。バブルをいまの時点で弾けさせたら、みんな銀行からの借金が返せなくなるという大変な状況に陥ってしまう。

髙橋　先に説明したきちんとした公会計があると、自動的にバブルは弾ける。公会計をつくらなければバブルは弾けないけれど、いずれどこかの時点でお金が回らなくなる。

石平　問題はここだ。バブルが弾けてしまえば中国人は大変な状況になる。しかし弾けなければ、不動産の高価格はずっと維持される。仮にさらに価格が上がってしまうとどうなるか。ただでさえ中国の企業は技術開発に興味がないけれど、ますます興味がなくなる。お金があれば、企業で設備投資や技術投資よりも不動産に投資したほうが早く儲けられるからである。

髙橋　それはバブルが弾けないという前提であればの話だ。きちんとした企業会計で、たとえば時価会計を導入したら、中国の不動産バブルは即弾ける。だが、いまからではやりようがない。

石平　でも、それでも中国人は不動産を買う。面白いことに、こういったときほど中国人はすごく政府を信用する。誰かに「危ないじゃないか、もうじきバブルが破裂するぞ」と忠告してもこう返してくる。

「たしかに危ない。だけど大丈夫。まだ大丈夫。中国政府は絶対バブルを弾けさせない」

髙橋　アメリカがその弱みにつけ込んで、仮に中国政府に都合の悪い情報公開を行ったら、即アウトだ。

石平　もう1つ、不動産バブルについて付け加えると、いま中国の都市部では少しは落ち着いたとはいえ、依然として不動産価格が高すぎる。そんな状況下、中国の若者は自分のマンションを持たなければ、結婚できない。そんな風潮になっている。

20代、30代では買える価格ではないことから、たとえば若者夫婦がマンションを買うためには両方の両親から全財産をもらって頭金にして、そのうえで若い夫婦がさらに高いローンを背負って生活しているわけである。

中国では昔から「房奴《ファンヌウ》」という言葉がある。「房」は不動産の意味で、「奴」は奴隷の意味だ。不動産の奴隷になるわけだ。

しかも高いローンをこれから30年も払い続けるということで、結果的に他の支出を節約せねばならず、消費の徹底的な不足につながってしまう。不動産バブルを弾けさせたほうがいいか、弾けさせないほうがいいか。髙橋さんが中国政府にアドバイスをするなら、どちらを薦めるのか？

髙橋　いま弾けさせたらこのくらいの規模で大変。弾けさせるのを延ばせばもっと大変になるとしか言いようがない。

石平　たとえば温家宝の時代、あの頃にバブルを弾けさせればよかったのに、温家宝たちは当時、責任を負いたくなかった。だからこの問題を先延しした。続く習近平の時代になっても同じことを繰り返している。

自分で自分をごまかしている中国

髙橋　私などはずっと以前から企業会計を導入したらバブルが弾けることを承知していたけれど、そういうものを導入するかしないかは、日本の場合もある意味では政治闘争といえた。

日本においては１９９０年代の最初の頃には、「まだバブルを弾けさせるな」という勢力が強かったため、企業会計の導入はされなかった。１９９５年から98年の間に私がさまざまな先進国の制度を取り入れて整備し、後はボタンを押すだけの状態になっていた。
その当時のいちばんの肝は「国際会計基準」の導入だった。これを導入しなければ西側諸国に相手にされない。同じ土俵の上で話ができない。私は制度導入の準備を行い、実際に2000年にボタンを押したのは竹中平蔵さんだった。
だから、これは政治判断だと思う。竹中さんの前の人は「導入は駄目だ」と言っていたのだから。

石平　政治がリスクを負う。

髙橋　負う。弾けないバブルはないから、政治がリスクを負うしかないわけだ。

石平　だが、いま中国の政治がバブルの崩壊に対して責任を負うのは無理だと思う。

髙橋　逆に言うと、トランプが中国を潰しにかかって、ここが中国の大弱点だなと判断したら、いろいろな手を使ってくる。それは現実に膨らみ切ったバブルという風船に針をプチンと刺すだけだから、中国は脆くも崩れるはずである。

石平　中国の不動産バブルが弾けないのは、政府が不動産価格の暴落が始まると、暴落を防ぐために不動産の売買を〝凍結〟するという強硬手段を採っているからだと指摘する声が挙がっている。実際に中国の一部の地方政府はもうそれを実行しており、不動産物件は購入後3年以内は転売できないようにしている。

髙橋　それは体制の問題に収斂《しゅうれん》する。本来、社会主義国の中国は私有制を否定しているから、そうした不動産に関する強硬手段は国家理念には反していないのではないか。けれども、その場合誰かがその損失を負わないと、中国の社会は維持できないと思う。

一方、資本主義社会のほうは倒産という制度があって、ある意味公平ではないけれど、一定の部分で誰かが負担することになる。日本のバブル崩壊を見てもわかるように、最後に〝ババ〟を摑んだ人間が破綻している。まあ、そういう制度にならざるをえないわけである。

だから、これは体制のちがいによりあくまで表面上だけ、バブル崩壊を起きなくするのは可能といえば可能なのだが、それを知っている西側諸国は世界標準ルールをどんどん導入しろとプレッシャーをかけてくる。中国にしても最後には西側の会計制度を導入せざるをえなくなるくらいに追い込まれる可能性は高い。

世界標準ルールを取り入れない中国は今後、ものすごく大変になっていく。逆にトランプが極端な行動に出るのも中国が異質な制度の国であるからだと思う。どこの国もそうだけれど、似たような制度でないと安心して取引ができないものだ。したがって、トランプの締め付けがいよいよ激しくなってくると、会計制度についても介入してくるのではないか。

私自身、2000年のシンポジウムで、「中国は企業会計制度を取り入れないのか？」と聞いたことがあった。中国側は「中国はそんなものは導入しないし、意味がない。コーポレートガバナンスもない」と威張っていた。

しかしながら、いつまでも突っ張ってはいられないはずである。仮に中国が導入したら、今度はきわめて悲惨な状況が待ち受けている。いまもそうだけれど、企業会計がないので何もわからない。自分で自分をごまかしているわけだから、導入したらそれはそれで大混乱に陥る。

毛沢東時代に戻れば中国の分割を防げる

石平　いまの中国経済は、何か共同幻想の上で支えられている気がしてならない。言ってみれば、砂上の楼閣のようなものである。

髙橋　やはり最後はウミを出して、本当のことを知りたいということになるのではないか。

そして最後には自由主義、資本主義に転換するのだろう。

石平　おそらく、いつかその日は来るのだと思う。中国は10年以上も前から「経済が危ない。バブルが破裂する」と世界中から指摘されてきた。しかしながら、何とかそうならずに済んでいるのは、中国政府のやりかたにあった。

それは問題を根本から解決はしないけれど、問題が爆発しないようにさまざまな手を打ってきたわけである。ところが、そのやりかたは問題をさらに拡大させていった。

髙橋　ロシアも70年以上持ち堪えた。中国も今年で建国70年だ。私は、中国はひょっとして建国100年程度は持ち堪えるかもしれないけれど、150年は無理だと思っている。だから、そういう意味で「中国崩壊論を唱える知識人は当たってないではないか」と言う人は後で後悔することになる。ソ連の崩壊論もずっと「当たっていない」と批判され続けていたのだけれど、1989年になって強烈に当たった。

要は、崖がどんどん高くなっていき、落ちる高さが増しているだけのことなのだ。先刻のバブル崩壊の話ではないが、これぐらいで破裂するならこれだけで済む。もっと先に行ったらそんな程度では終わらないわけである。

石平　どこの国もバブルをつくり、崩壊させてきた。アメリカも日本も経験した。しかし私からすれば、たとえば日本の場合、そもそもバブルをつくる前から製造業はすでに経済基盤を確立し、国際競争力を備えていた。そうした上でバブルを起こしてしまい、崩壊した。アメリカもそうだった。問題は中国だ。先にも髙橋さんが論じたけれど、中国はそういう基礎、基盤を構築する前にバブルを起こしてしまった。

髙橋　だから、崩壊したときに悲惨だと言っているのだ。崩壊したときには本当に大変で、おそらく中国は〝分割〟されるのではないか。

中国の長い歴史のなか、統一国家の時代はほとんどなかった。分かれているのが〝常態〟であったから、中国は最後に追い詰められたとき、とてもまとめ切れず、旧ソ連よりさらに激しく分かれるような気がする。

石平　中国が激しく分裂しないための方法がある。完全に毛沢東時代に戻ることだ。私はあの時代の中国で生きた人間だが、国内の経済は完全に崩壊し、当時９〜10億人いた中国人はただ痩せた土地に植えた穀物を食べて暮らしていた。

もう少し詳しく言うと、毛沢東時代末期の中国のＧＤＰは３５００〜３７００億元、現在の２５０〜３００分の１でしかなかった。貿易額は２００億ドル以下で、やはり現在の２５０〜３００分の１程度。外貨準備に至っては２億ドル以下で、１万５０００分の１以下でしかなかった。

まあ、今の北朝鮮のようなものだ。毛沢東の独裁体制のなか、9～10億人の国民はみな最低限の生活を営んでいた。しかしながら、安定していた。毛沢東時代は暴動も起こらないし、難民が国外に出ることもない。中国人は国外で何も買わないし、中国を訪れた外国人もほとんど何も買わなかった。外国人が欲しがるものなど何もなかった。

独裁体制のなかで、自給自足的な自国内で完結されるような世界が展開されていた。それを当時の中国人民は苦しいと思ってはいなかった。

中国人は子供の時代から、国家と大人たちから、われわれの社会主義国中国こそは、この世界中でもっとも繁栄した先進国であり、もっとも優れた平等社会であり、人民の権利がもっとも保障されている真の民主国家である。この素晴らしい社会主義国家に住むわれら中国人民は、どこの国の国民よりも幸せに暮らしていて、どの時代の中国人よりも人間らしく生きている国民なのだと骨の髄まで叩き込まれていた。

当時の中国は国際社会とは、ほとんど経済的な交流はなかった。ところが、あの20数年間の中国は社会がきわめて安定していた。中国はあの時代に「先祖返り」するしかないのではないか。

髙橋　それはどうかと思う。一回でも美味しいことを味わった人たちは、生活水準を下げられないから、その人たちは外に出て行く。したがって、中国は凄まじい〝最貧国〟になる可能性が高い。

誤差脱漏があまりにも大きい中国

髙橋　中国から逃げられる人は逃げると思うのだけれど、逃げるのは中国人だけでなく、中国国内の金も実は盛大に国外に流出している。

毎年、ＩＭＦでは国際収支統計を発表している。いちおう中国はＩＭＦのなかでナンバー２の国だからきちんとしなければならないのだが、どうもおかしい。

輸出額については結構正しいのだが、金の流れがほとんど把握できていない。要は、誤差脱漏《だつろう》、スタティスティカル・エラーが滅茶苦茶に大きい。過去の例から、これはコントロールできてないくらいに金が海外に出て行っている可能性が高いわけである。

石平　イラク戦争のとき、フセイン大統領の警備隊はすごく強いという評判で、みんな怖がっていた。しかし、実際に米軍がバグダッドに入ったら、警備隊はどこにもいなかった。

これは例え話だが、中国のお金についてもそういった可能性があるということか。

高橋 習近平が腐敗撲滅とか言って、海外に出ている中国人を苛める。私の知っている中国政府の人も海外でなかなか派手な暮らしをしている。逆説的に言うと、中国の国家としての統制が効いていない裏返しではないのかとも思う。統制を、睨みを効かせなければならないのに、効いていないところがある。だから、こういう国は崩壊するときにはあっという間に終わるのではないか。

石平 崩壊する前は強そうに見えたけど、崩壊し始めたら予想外にもろかった。

高橋 旧ソ連のときもあっという間に終わったけれど、中国もそういう可能性がけっこう高いのだと思う。これまでは大丈夫、大丈夫と強がっていたが、崩壊が来たときにはとんでもない断崖絶壁からどーんと落ちる形になる。これは今後10年、20年では起こらないかもしれない。でも、50年は起こらないことはないだろう。

石平 私は10年以内には崩壊するのではないかと予測している。

高橋 守るほうは必死だからどんどん断崖が高くなるわけだが、落ちないことは絶対にありえない。

石平 繰り返しになるけれど、崩壊を延ばせば延ばすほど、リスクを大きくするだけの話

日本のバブル形成と崩壊

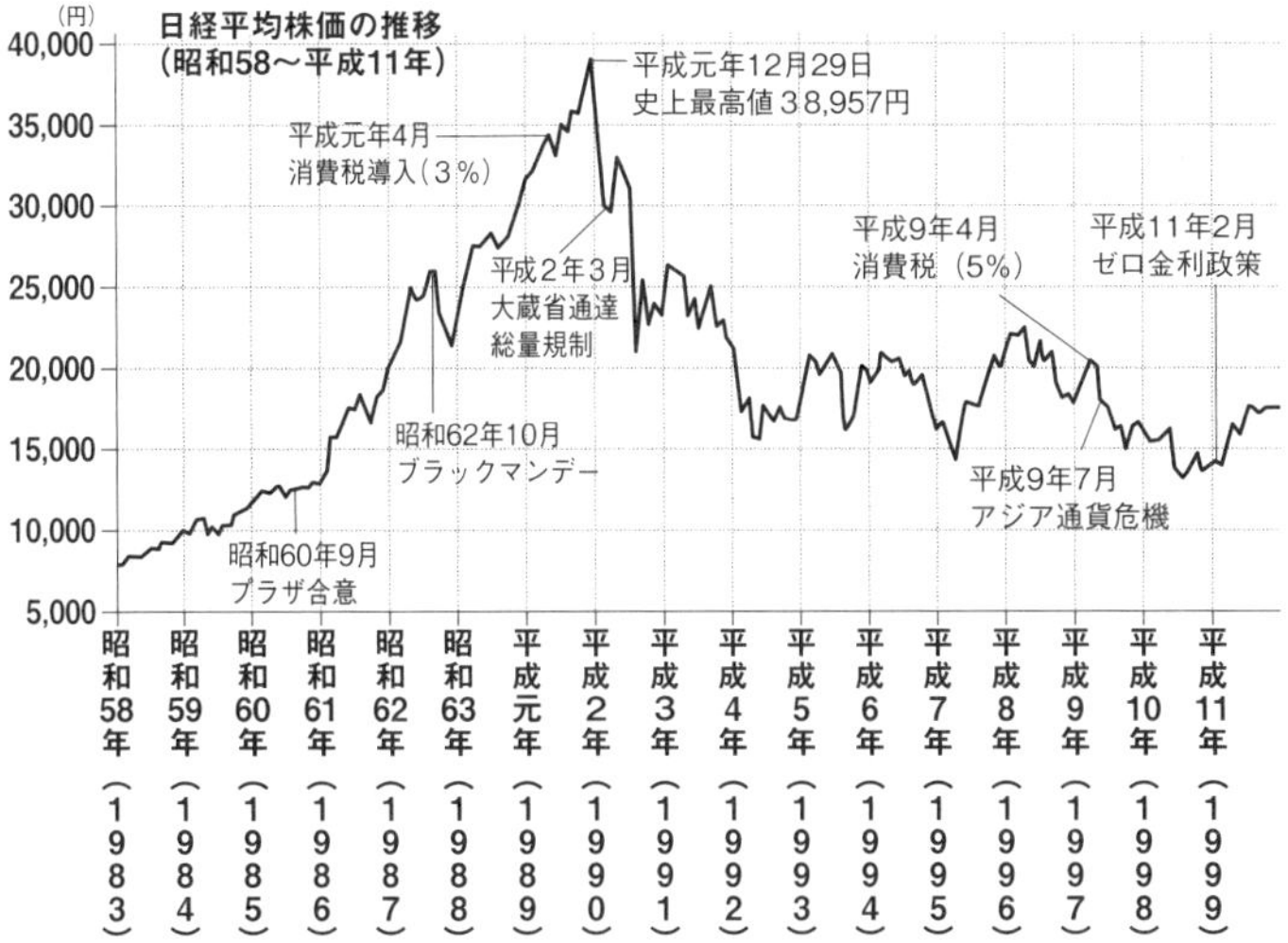

だ。

髙橋　それがいちばんひどかった、強烈だったのは、私が不良債権問題に関わっていたときの「株価」だった。バブルが破裂して、株価も連れて落ちることはわかっていた。89年12月末、日経平均株価が過去最高4万円寸前まで上昇したとき、実は私がちょっとバブルの風船に〝穴〟を開けたら、日経平均は2万5000円まで下げた。

石平　具体的にはどうしたのか？

髙橋　「証券会社の営業姿勢の適正化及び証券事故の未然防止について」という通達を89年の12月に出した。投資家が証券会社に運用を一任して、いわゆるまる投げの形で委託し、高い利回りを保障するやり方が当時流行っていた。このときの主要顧客は企業で、信託銀行は運用を任された企業から、高い信託手数料をもらっていた。要は大蔵省の行政指導で、この方法を事実上禁止したわけである。

通達を出した翌年元旦の日経新聞には「今年の日経平均株価は6万円」と書いてあった。投資家たちはみな株は上がるものだと思い込んでいた。私としては、さらに株価が上がらないうちに通達を出したほうが被害が少ないと判断したので、前年12月に出した。6万円まで上がってから2万5000円に落ちるよりはずっとマシだった。

地価（不動産）についての通達、いわゆる「総量規制」は90年3月に出され、以降、地価も下落していった。そして最後は、2002年になって金融担当大臣になった竹中平蔵さんが金融機関をばっさりやって終わっている。

倒産するのが前提の資本主義

石平　中国政府には日本のように、バブルを少しずつ弾けさせるという〝知恵〟がない。メンツがある一方で、一種の恐怖感もある。バブル風船にちょっとだけでも穴を開けたら、すぐ破裂してしまうと恐れている。

髙橋　繰り返すけれど、私が89年12月に「営業特金口座の適正化」通達を出したときに、周囲から批判された。けれども私は、「日経平均株価が６万円になって、そこから落ちるほうが問題だ。いまであれば単に株価急落だけで終わる」と突っ撥ねた。

私は当時、「国際会計基準の導入を進めなければ、世界に遅れる」とずいぶん金融機関にハッパをかけた。そうしたら、４大証券会社の人が、「もうちょっと延ばしてくれ」と言ってきた。そのときに私が計算したら４社とも危なかった。

でも、国際会計基準を導入して結果的に潰れたのは４社のうちの１社、山一証券だけで済んだ。１社ぐらい潰れても仕方がなかった。そこまで導入を放置しておいたほうが悪いのだから、私のせいではない。

だから、バブル潰しは、資本主義だと自分のほうに影響が来るから、こういう話は通用しやすい。けれども、社会主義では誰も責任を取らないから、誰もそれがわからない。

石平　資本主義のほうが柔軟性がある。

髙橋　資本主義は倒産するのが前提だから。倒産すれば、誰かが責任を被らなければならない。それが資本主義である。

石平　だから、資本主義では当たり前の倒産は、中国ではあってはならない。あれば、政権が危うくなる。

髙橋　あってはならないと言うけれど、何度も繰り返すが、破裂しないバブルはない。

石平　だから、それをわかっていながら弾けないようにしているのが中国。そのためには手段を選ばない。

髙橋　それで持ち堪えてきたのだけれど、外から見るともうパンパン膨らんでいるから、トランプとしてはちょっと針を刺してみたくなるのだろう。トランプはやると思う。

石平　ある意味では中国共産党はまだ大丈夫ではないか。不動産バブルが弾けたら一斉に全土を軍事統制、戒厳令下において、国民の全財産を凍結して、物価も凍結する。

髙橋　やるかもしれない。

石平　要するに先祖返り、昔の共産主義に戻すわけである。どうせバブルが崩壊したら、不動産の在庫が山ほど余る。今でさえ、5000万戸も過剰だ。それらすべてを国が没収して貧しい人々に分配し、もう一度「共産主義革命」をやればいい。金持ちから財産を奪って分配する準備を習近平は進めているのではないか。一昨年あたりから、中国の著名経営者や芸能人が持つ海外資産を没収しているのは、その嚆矢《こうし》だったと思えば納得がいく。

髙橋　金持ちは間違いなく中国から逃げる。ただ、金持ちが逃げた国ほど悲惨なことはない。

石平　逆に庶民が喜ぶ。庶民の幸せは自分たちがどれほど良くなるかではなく、周りに金持ちがいないことだ。それが、庶民が幸せを感じる〝環境〟というものである。

中国共産党が政権を取った直後、全国民から熱烈な支持を受けたのは、外国人や金持ちを中国から追い出したことであった。見渡すと、自分より金持ちの人はおらず、国民は幸せを嚙み締めた。

髙橋　そういう姿が〝最終形〟になるかもしれない。なかなか気の毒な結末だ。日本としては、中国人の富裕層にはたくさん来てもらいたいわけだが、難民に押し寄せられては困る。

石平　中国が崩壊して内戦状態になるのは、日本にとり絶対に望ましくない。内戦ではなく、逆に強力な指導者が出て完璧な独裁制を敷く。これがベストだ。毛沢東時代、難民は1人も日本に流れてこなかった。

大変なのは中国ビジネスに「両足」を突っ込んだ日本企業

石平　ただし、中国が崩壊して先祖返りすると、日本企業は中国市場を一斉に失う。

髙橋　私はもともと中国市場を狙って出て行ったのはセコイ、狡《こす》っからい人たちばかりだったから、ある意味、自業自得だと思う。

中国進出のコンサルをしたことは先に述べたけれど、ほとんどが賛成できかねるプロジェクトだった。「やめたほうがいいよ」と口を酸っぱくして言ったのだが、行ってしまった。だから今、中国ビジネスで苦しんでいる人はスケベ心を起こして、それが裏目に出たということになる。

石平　中国経済が潰れたら、日本経済もそのとばっちりを受けて大変だと、マスコミが大合唱するかもしれない。

髙橋　中国ビジネスに「両足」を突っ込んだ日本企業は大変だ。今回の日韓摩擦で再認識したのだが、日本経済の海外のウエイトはそう大きくはない。韓国は輸出が大きいから大変なのだが、日本はもともと内需が大きい国だから、案外たいしたことはない。

中国にどっぷり浸かってしまった日本電産みたいな例外はあるが、多くの企業は分散投資をしている。ＧＤＰ比率で輸出は15％程度、中国はそのうちの10％。中国がおかしくなって日本経済が沈むと大騒ぎするのは経団連の一部とか、トヨタあたりくらいなものだ。そのあたりは割り切ったほうが賢明だ。アメリカ経済が沈むのとは次元が違う。中国への輸出といっても、メインは自動車くらいだろう。

石平　しかもみんな日中の合弁会社だ。

髙橋　だから、全然儲かっていない。はっきり言うと、合弁して技術だけ取られているだけだ。中国はうまいことをやったと思う。

石平　自動車市場にしても、中国はもう昨夏からずっと販売台数がマイナス成長だ。でも、日本の高度成長期に中国市場があったわけではない。

髙橋　インドがあるから大丈夫。次にインドが出てくるから、みんなそれに乗り換えればいいだけだ。

第5章

香港は中国の支店になった

一国二制度には論理矛盾がある

石平　1997年に香港が中国に返還されたとき、中国はその後50年間にわたる香港の「一国二制度」を約束した。その後22年のあいだに一国二制度は完全に形骸化し、すべてを中国政府が牛耳るようになるなか、香港市民の不満は高まる一方だった。

今年6月、中国本土への容疑者移送を可能とする「逃亡犯条例」の改正案を香港政府が出すと、香港市民の怒りは一気にヒートアップした。以来この対談を行った8月下旬の時点までにすでに100万人、200万人の香港市民による大規模デモが打たれ、抗議活動は激しさを増す一方である。

対する中国政府も常に強硬姿勢で臨んでいる。ヤクザを使ったり、さまざまな工作をし、あたかもデモ隊が暴力をふるったように見せかけ、鎮圧の口実をつくった。

あるいは隣りの深圳《しんせん》市に武装警察を配備、香港政府の要請があればいつでも出動可能だと、恫喝《どうかつ》した。現段階において、香港のデモは収束の兆しはまったく見えない。

髙橋　一国二制度には論理矛盾があるから成り立たない。一国二制度は言葉では言えるけれど、実際に一国になったら二制度がうまく機能するはずがない。もしあり得るとすると、ヨーロッパ流の「自治領」とする自治を与えるやり方だろう。だが、中国でそれは論理的にあり得ない。一国二制度とは、まずは台湾を抱き込むときに思いついた考え方だから、あれは〝嘘〟だとピンときた。

だから、香港が１９９７年に中国に返還されたとき、これはいつまでもつのかなと実は思っていた。それでずっとその後の中国の動きをそれなりに見ていた。２０１０年ぐらいだったと思うけれど、「一国二制度は中国政府が〝与えた〟ものである」と中国側がアナウンスした。

ああ、そうか。中国政府が与える制度であれば二制度のはずはないなと思った。ここに来て、やっぱりそれが嘘だったとわかってきた。

私にも香港に知り合いがいたが、みんなそれをわかっていたから、香港を離れていった。香港で英語教育を受けたイギリス系の友達も多かった。一国二制度など確保されるはずがない。私はかなり前からそう思っていた。それが今、ようやく顕在化してきて街の人にもわかるようになってきた。

私は役人だったから、「制度」に関しては普通の人よりは敏感だし、どういう法制度を適用するかは、国のあり方に大きく関わってくる。とりわけ、司法、法律、裁判についてては絶対に二制度にはならない。

今回の「逃亡犯条例」の改正案については、これは司法制度と司法行政を完全に中国と一体化するという意味である。それはそうだろうと、私は思った。一国二制度といっても中国が司法を〝分離〟するはずはないのだから。

もともと一国二制度は成り立つはずがなかったのである。それがようやく顕在化したのが今で、ここから先は一国二制度を中国が認めるはずがない。認めたら治外法権みたいになるだけで、それはありえない。

石平　いや、むしろ中国共産党の子供騙しの一国二制度よりも、イギリスの植民地統治のほうが簡単明瞭だった。要するに、植民地として香港を統治する。しかし一国二制度ではなく、完全にイギリスの法体制を香港で実行するというものだった。

髙橋　それだったらわかる。

石平　宗主国のイギリスも香港の法制度を尊重した。それは完璧な「一国一制度」で、しかも法治体制は民主主義。私の理解では、これで香港は繁栄し、アジアであれほどの経済的地位を築けたわけだ。しかしながら、この一国二制度は髙橋さんが指摘されたとおり、そもそもが「騙し」だった。

真剣に考えれば、絶対に無理である。しかし、当時はおそらくイギリスも香港政庁も中国に騙されたのは承知のうえで受け入れたのだと思う。中国側の責任者は鄧小平だった。鄧小平といえば、騙しの〝名人〟である。

髙橋　一国二制度の香港が曲がりなりにも機能したのは、結果的には10年ちょっとだった。私も政府の役人をやっていたとき、経済の「一国二制度」みたいものに取り組んだことがあった。いわゆる「特区」方式だ。経済のところだけ他と差別的なメリットを与えるけれど、それ以外の法の平等とか資本については差別をつけようがない。

経済においては特区のように一国二制度的な扱いはあるとはいえ、裁判などきわめて根幹的なところは、やはり無理。だから、経済では中国は深圳、珠海、厦門《あもい》などを特区に指定しているが、それはあくまでも経済のみの話だ。たとえば、刑法の特区などは絶対にできない。

リンクする「逃亡犯条例」の改正と「銅鑼湾書店事件」

石平　鄧小平がそういうインチキ一国二制度を提案し、イギリスも信じるふりをした。片方で鄧小平は、イギリスが返還に同意しなければ、われわれには人民解放軍があると恫喝した。イギリスもどうしようもないから、騙されたふりをするしかなかった。

実は返還前、中国共産党の本質を知悉していた香港市民が一斉に逃げようとしたことがあった。だが、大半の人々はやはり現実の生活を考えると香港から逃げられない。仕方がないから、みな騙されたふりをするしかなかった。

しかしながら、胡錦濤政権時代まで中国共産党は一国二制度の〝嘘〟ができるだけにバレないように努力をしてきた。幸か不幸か、習近平政権になると、これが嘘であることを白日の下に晒してしまった。

いちばん典型的であったのが、習近平の私生活に関する本を出版した香港の「銅鑼湾《どうらわん》書店」の経営者を拉致し、中国本土に連行したことだった。あの事件で、香港市民はいくらなんでも自分自身を騙すことができなくなった。

髙橋　わかりやすかったな、あれは。

石平　香港市民は習近平の一存でいつでも拉致される。要するに香港の法治は完全に嘘であることを思い知った。そこで、すべての流れが変わった。

なぜ今回の逃亡犯条例の改正が深刻な問題になったかというと、あれが改正されると香港市民が中国共産党に対する文句を1つでも言えば、中国に引き渡されることになりかねないからである。香港は中国本土の監視制度、人治状態とまったく同じになってしまう。そこで香港市民は22年間蓄積したものを一気に爆発させた。

髙橋　返還後の香港の統治を規定する「香港基本法」という制度があるのだが、これは中国が定めたもので、イギリス政府は手出しできない。

中国政府は香港に「特別行政区」という名称は与えたものの、その解釈については実は途中から中国国務院が定めることになった。つまり、すでにその時点で完全に香港の司法制度を無視していた。

返還後、時間が経つにつれ、香港政府の制度運用はどんどん本国政府の意向にしたがうようになってきた。私はそうした姿を見るにつけ、やっぱり一国二制度は言葉の上だけのもので、実行は無理だと思った。

ところが、そういった制度の運用については、香港で普通に働いている人にはわからない。しかし、石さんが示したような書店の人が拉致された話はきわめてわかりやすくなるわけである。中国本国側が香港人を拉致しても、香港政府は何も抵抗の意志を示さなかったのだから。

石平　あれを見て、習近平は本当に愚かだと思った。彼は香港人がいちばんわかりやすい形で、一国二制度が嘘であることを自ら進んで香港人に教えてしまった。

髙橋　ただ単に「逃亡犯条例」の改正案、つまり「逃亡犯の引き渡しに関する条約」についてだけであれば、一般人にはわかりにくい。逃亡犯の引き渡し条約は通常、どこの国にも存在している。

今回の香港の場合、昨年2月に香港人が台湾で恋人を殺害、逮捕前に香港に戻っていた。ところが、香港と台湾のあいだには「逃亡犯の引き渡しに関する条約」が結ばれていなかったため、その香港人の身柄を台湾へ移送できなかった。今後、こうした事態が起きないよう、香港政府は「逃亡犯条例」の改正を行おうとしていたわけである。

普通ならば、香港市民は事の重大さに気付かなかったろうが、その前に「銅鑼湾書店事件」が起きていたので、「逃亡犯条例」がそれにリンクしていること、要は香港政府（中国から命じられたと推測するが）の深謀遠慮を見破り、今回の凄まじい抗議活動につながった。

ついでに言っておくと、今の香港にはいちおう選挙で選ばれた議員で構成される立法会（議会）があるのだけれど、これがいつもの中国の手口で紛《まが》い物なのだ。選挙に立候補できる対象が限られている。もちろん親中派が断然有利なシステムになっている。これは日本の共産党とまったく一緒といえる。

まあ、一般の香港人には「銅鑼湾書店事件」で香港政府が中国に対して何もアクションを起こさなかったことのほうが衝撃的だったとは思うが。

石平　香港人は、「逃亡犯条例」が「銅鑼湾書店事件」とリンクしていることを認識した。一国二制度が嘘であること、結局、気付いてみれば、香港人は完全に中国共産党の独裁政権の支配下にあったのだ。香港の議会も特別行政区政府も中国共産党の〝傀儡《かいらい》〟以外の何物でもない。

西側に見切られる香港

髙橋　香港基本法自体が、香港政府が中国共産党政府のロボットになり、恣意的に動かせるような制度になっている。法運用と執行する人はすべて中国政府の指名による。これは戦前の日本がそれぞれの県知事を内務省が任命して送ったのと一緒だ。今は日本の県知事は選挙で決まるが、香港では選挙もないし、全員が中国政府の意向で送られてくるわけだから、傀儡に決まっている。

香港は中国の〝支店〟と同じだと考えるべきであろう。香港に自治がまったくないのは、香港特別行政区をつくったときからわかっていた。

それを見てきた私は、一国二制度が成り立たないことがすぐに証明されるのではないかと思っていたけれど、おそらく一般の香港市民の人たちにはわかりにくかったのではないか。

今回の大規模デモで、西側の人間は、香港はかつての香港ではなく中国の支店なのだと完全に認識した。したがって、西側の資本市場や金融市場に関わる人たちは未練なく〝見切る〟はずである。

香港が駄目なら上海があると考える人もいるだろうが、上海は日本から見ていると資本市場の取引所とはいえない。自由に売り買いしているのではなく、中国側の形勢が悪くなると平気で取引を停止するわけだから。

石平　そうなると香港は知らず知らずのうちに以前の金融都市の地位を失う。
髙橋　香港に集まっていたカネとヒトはシンガポールと東京にすでに向かっている。
石平　鄧小平の時代から、鄧小平と個人的に親密な関係にあったのが香港最大のコングロマリットの「長江集団」を率いていた李嘉誠《りかせい》だった。徒手空拳でホンコンフラワー（造花）ビジネスから世界の億万長者に登り詰めた李嘉誠は、中国においては「財神」と呼ばれ、崇められていた。
香港返還時、李嘉誠は表向きは「一国二制度は素晴らしい」と中国共産党を褒めたたえ、中国本土で多くのビジネスを展開した。ところが、ここ数年で長江集団の大陸のほぼすべての資産と事業を売却してしまった。
長江集団のベクトルは旧宗主国イギリスのインフラプロジェクトへと向かった。気がついたら、長江集団はイギリスの財閥になっていたという寸法だ。それで香港市民は初めてわかった。李嘉誠が「一国二制度は素晴らしい」とお愛想を言いながら、誰よりも素早く中国から逃げ切ったことを。
髙橋　それはそうだろう。ビジネスをやっていたら一国二制度は嘘だとかなり早い時点でわかったはずである。李嘉誠のアクションは香港人に、建前を並べているうちに逃げるほうが得策であることを教えているのではないか。

中国が急に一国二制度を強制終了することになれば、逃げる機会もない。だから、中国が嘘をついているのを見抜いた人から見れば、時間の猶予をもらったという意味で良かった。そういうときに賢く逃げる人と逃げない人というか、わからないでそのまま過ごす人がいるわけである。ビジネスにおいてはよくある話で、目先の利く人ほど、こうした機会を無駄にせず逃げ切ってしまう。

フィンテックのモデル都市となった深圳と中央政府の思惑

石平　たとえば国際金融経済の視点から、返還前の香港と今の香港を比べると、香港はかなり沈んでいるのか？

髙橋　当然ながら、かなりの勢いで沈没中といえる。私の知り合い、イギリス系のアメリカ人は香港に勤めていたけれど、とっくの昔に香港を離れた。日本の金融機関にとり香港は魅力的な市場だったものの、いまはシンガポールにシフトしている。

石平　返還する前の国際金融経済における香港はどのような存在だったのか？

髙橋　少し前までは上海やシンガポールはあまり大したことはなく、アジアの金融センターは日本と香港しかないという感じだった。それがいまはかなり様相が変わってきた。日系企業にとり、規制がないのが香港の1つの魅力だった。金融は規制があると本当にビジネスがやりにくい。だから規制のないところに金が流れていく。いまはそういう意味では逆に、香港は規制が強化された感じがする。

そうすると日本勢は東京の市場を大きくするために、規制をなくす方向で動いているから、わざわざ香港に仕事をしに行かなくなってきた。

石平　昔の香港には金融センターとしての役割、対欧米の加工産業の中継基地の役割を担っていた。しかし、いまは金融機能は東京やシンガポールに奪われつつあり、加工産業についてはとっくの昔に珠海デルタ地帯に奪われてしまった。

髙橋　英語圏というのが香港の強みだったけれど、シンガポールも英語圏だから香港のアドバンテージはない。残念ながら、これからはうまく香港を活かせないと思う。中国に騙されていたときには活かせたかもしれないけれど、香港人はもう覚醒したわけだから。

石平　それでは米ドルにペッグする香港ドルの運命はどうなるのか？

髙橋　魅力はなくなると思う。けれども、香港ドルは通貨制度としてはきわめて特殊といえるカレンシーボード制度というやり方を採用しており、香港の3大銀行（香港上海銀行、中国銀行、スタンダード・チャータード銀行）がお金を出している。この3大銀行が香港ドルを発券するときに、相応額の米ドルを預託する必要があるのが最大の特徴といえる。

通貨のレートとはその国の出したお金と、相手国の出したお金の比で大体決まる。だから、無茶苦茶に香港ドルが暴落することは考えられない。けれども、香港自体の魅力が薄れてきていることから、少し安くなる可能性はある。

石平　ざっくり言うとジリ貧になるということか。

高橋　そうだ。香港の国際金融の立場が次第に低下していくから、香港ドルを使おうとする人が減るわけだ。だから、その分だけ香港ドルの魅力がなくなる。

石平　今年6月、香港の若者たちのほぼ全員が立ち上がった。若者たちを突き動かす思いとは、1つは中国共産党のやり方に対する反発。もう1つは香港の未来に対する絶望感だった。

高橋　私の娘はイギリスにずっと留学していて、現地で香港人の学生と仲良くなって、よく私の家に連れてきたのだが、普通に英語圏で暮らしているから、大陸の子とは違うふうに感じた。やはり、大陸の人と香港の人ではだいぶちがう気がする。

今の香港の若者たちの親は返還前の良き香港を知っているし、若者たちはその名残りが残っている返還直後に生まれたわけで、香港がだんだん壊れていくのを肌で感じ取っているのではないか。

石平　人口７４０万人の香港で２００万人のデモが行われたということは、香港人の４人に１人以上が参加した計算となるわけで、これはただの政治運動とは捉え切れない。

ある意味では、中国共産党が香港を統治してから、見事に香港の若者たちの未来を奪ってしまった。そのことが香港の若者たちに「自分たちは中国人ではない。香港人である」という〝アイデンティティ〟を強く抱かせた。

その一方で、香港で１７０万人の大規模なデモがあった翌日の8月18日、中国共産党政府は「香港に隣接する深圳市を、中国のフィンテックのモデル都市とする」という今後の構想を発表した。

髙橋　フィンテックについて技術のみの観点から考えれば、プライバシーがない中国は情報収集面ではすごくやりやすい。

ところが、先にふれたように中国は為替の操作指定国になっている。これは資本取引の自由がないから、指定されてしまうわけである。したがって、中国がいくらフィンテック技術を磨いたところで、資本取引の自由のない国では使いようがない。

中国では1つの市を挙げてフィンテックなどの先端技術の実験、研究に取り組むことがある。その結果、膨大なデータを得られるのは間違いないのだけれど、悲しいかな中国国内では使えない。使われたら中国政府が大変に事態に陥るからである。

中国ではインターネットもSNSもすべて監視されている。そんななかでフィンテックのような技術を使われては困るのだ。だから、フィンテック技術を開発しても、割り切って、西側に買わせるくらいしかない。

石平　香港デモの最中に中国政府が「深圳フィンテック構想」を発表したことは重い。要は、中国政府は本気で「香港を殺す」と宣言したのだと思う。

香港をただの深圳の衛星都市に統合していく。深圳を広東地域の金融センター、ハイテク基地として機能させ、香港を深圳の衛星都市に〝格下げ〟するわけである。

武装警察が香港に出動する日

石平　深圳といえば、人民解放軍に加えて中国国内の暴動を鎮圧している武装警察も配備されている。香港で有事というか、中国政府が、香港市民が暴動を起こすような事件を仕掛けたら、即香港に入ってくる準備はできているはずだ。

髙橋　私が聞いたところでは、天安門事件の際に人民解放軍を出動させて世界から批判を浴びたのに対応して、武装警察を強化したらしい。ただし、警察を名乗ってはいるが、あれは実際には軍隊である。石さんが言うとおり、香港でテロ事件をでっちあげて、介入する機会を狙っているのではないか。

石平　場合によっては、香港は悲劇的結末を迎える可能性を秘めている。習近平政権としては、いつまでも香港の「騒乱」を放棄するわけにはいかない。どこかで大規模な鎮圧に踏み切るかもしれない。

髙橋　習近平はなにがなんでもメンツを保ちたい。香港で強硬策を打てとは言わなくとも、周りが忖度《そんたく》してやってしまうこともあるかもしれない。200万人デモのなかにスパイをもぐりこませてテロ事件に仕立てれば、介入を正当化できるからである。

これまでのデモや暴動のなかには、親中派のヤクザや香港警察の人間も紛れ込んでいるようだ。

石平　アメリカはじめ国際社会の反発もあって、本当に武力行使に踏み切れるかどうかはわからない。けれども、万が一踏み切ったら、香港は殺される。共産党政権自身も大変なダメージを受ける。しかし武力行使に踏み切れなくても、このままでは香港は沈没するしかない。

髙橋　すでに香港から逃げ出している人は相当いる。これまでは富裕層が中心だったが、そうではない中間層の人たちも逃げ始めている。ということは、香港が経済的にはもう価値がないことを表しているのではないか。

香港に対する大陸人が抱く複雑な感情

石平　今、香港人はきわめて悔しい思いをしているのではないか。それは香港の歴史を振り返れば浮き彫りになってくる。

先に取り上げた今後フィンテックモデル都市となる深圳特別経済区は、1978年に鄧小平が改革開放を始めたとき、人口数千人の貧しい漁村だった。

深圳が近代都市、産業都市として発展できたのは完全に香港のおかげ。大量の香港資本が深圳に投下された結果、深圳は急成長を遂げた。

しかしながら、40数年が経つと、香港の力で育った深圳は力をつけて今度は香港を飲み込もうとしている。これもある意味では香港の悲劇といえる。

どうしてこの時点で深圳をさらに実験的な、今後の中国の大都市として育てるという意思を中国政府は明らかにしたのか。中国には香港の代わりがあるのだと、〝裏声〟で宣言したとしか思えない。なかなか残酷な話ではないか。

髙橋　中国の人にとって、香港はずっと気になる存在だったのか？

石平　改革開放が始まったばかりの頃、中国本土の人たちは香港を羨んでいた。香港には完全な民主主義はなかったけれど、市民には自由が与えられていた。中国は共産党の1党独裁の共産主義で自由はないし、何よりも毛沢東政策の失敗で、改革開放以前はすさまじい貧困状態が続いていた。

たとえば香港の隣りの広東省も貧困に苦しんでいた。しかし、国境になっている川の向こうの香港は、当時の中国からすればもう信じられないほどの豊かさに溢れ、みなが憧れた。だから、川は監視されているので無理だったから、広東省の人たちは深夜の海を泳いで香港に渡った。

そして、彼らは香港にいくつかある港で苦力《クーリー》の仕事をして、浮上するチャンスを狙った。

香港の低層で生活するにしても、中国国内で生活するよりはずっと豊かだった。

改革開放が始まると、香港人が大量に中国に入ってきた。中国人にすれば香港人はみんな金持だった。香港人はカネの力にモノを言わせて投資をしたり、中国本土に会社をつくった。夜は女遊びなど好き勝手をした。

そういう様子を眺めて中国人はずっと香港、香港人に対して一種のコンプレックス、同時に恨みを抱いていた。同じ中国人なのに、お前たちはなぜそんなに俺たちと差があるのかといつも思っていた。

そうした積年の複雑な思いが本土の中国人を〝残酷〟にさせた。たとえば中国政府の香港の武力鎮圧について、大半の中国国民はむしろ心のなかで「それでいいではないか」とほくそ笑んでいる。これは本当である。

繰り返して言うのだが、中国国民の気持ちなどそんなものだ。香港人が叩きのめされるのは彼らにとって快感なのである。

中国共産党のいびつな宣伝により、大陸の一般市民は香港市民が不当に暴力的な振る舞いをしていると信じているし、海外にいる中国人留学生も、中国中央政府の立場に立って香港人を批判している。具体的には、カナダのトロントやバンクーバーの中国人留学生がデモを打ち、香港人を激しく非難している。

日本でも同じようなことが起きている。大阪の難波高島屋の前で、香港人留学生が香港のデモを応援して中国政府に対する抗議活動を行った。それに対抗して、在日の中国人留学生が立ちはだかった。その場面をテレビで見ていたら、中国人留学生は香港人留学生に罵詈雑言を浴びせていた。

それを見て、私はもう中国には未来はないと思った。日本にいる中国人留学生には、中国国内とは異なり、歪みや恣意を取り去った正しい情報が入っているはずである。にもかかわらず、中国人留学生は香港人学生を激しく狂わんばかりに罵っていた。

「ざまぁみろ。昔、お前たちは俺たちに対して本当に偉そうに振る舞っていた。お前たちなど地獄に落ちてしまえ」

彼らが香港人留学生に浴びせた嘲りは、ごく平均的な中国人の心情を反映している。

第6章

台湾を守れ！韓国は見放せ！

ダイヤモンド安保戦略

石平　いま思い出すのは、習近平が今年の1月の演説で再び一国二制度を持ち出し、再び台湾統一を呼びかけたことだ。その習近平がこともあろうに香港の一国二制度を潰すかのような失態を犯した。台湾は習近平の言葉が方便にすぎないと認識した。以上のように、習近平の言行は支離滅裂そのものとしか言いようがない。

そんな台湾を8月に4泊5日で訪れた。ホテルのテレビを見ていると、台湾が香港情勢にきわめて高い関心を抱いていることがわかった。テレビの論調は、中国を恐怖と感じながらも、「いや、われわれは香港でなくてよかった」というものだった。一国二制度による台湾統一はますます不可能になってきたようである。髙橋さんは中国が台湾を欲しがる地政学的な意味をどう捉えるのか?

髙橋　実は中国が海洋進出するときのルートは3つしかない。1つは南シナ海で、あとは台湾海峡と東シナ海だけ。ただ、アメリカが睨みを利かせている台湾海峡と東シナ海は使えないから、南シナ海にしか行けない。

アメリカは台湾に大使館こそ置いていないものの、事実上の大使館である「米国在台協会」（ＡＩＴ）が代替している。事実上の大使館のＡＩＴは米軍に護られる。このことでアメリカが台湾を独立国家として扱っていることがわかる。

トランプ政権もそのあたりを明確にしており、通常は台湾を「地域」と表現するところをアメリカ政府はカントリー（country）と言って認めている。アメリカは台湾を国家として扱うため、台湾に対するさまざまな制度や法律を拡充する努力を重ねてきた。

先にふれたインド・太平洋で拡張的な活動を展開する中国の脅威を抑止するために日米主導で合意した「ダイヤモンド安保戦略」のなかに、実は台湾も入っており、しかも台湾は非常に重要な位置を担っている。本当はダイヤモンド安保戦略には韓国も入っているのだが、昨今の情勢ではちょっと怪しい。

石平　韓国でなく逆に台湾が抜けていたら、あるいは台湾が中国に統合されたら、ダイヤモンド安保戦略自体が壊れてしまう。

髙橋　そうなれば中国軍の艦船は簡単に太平洋に進出できるから、習近平が言うように太平洋の半分は中国のものになってしまう恐れがある。

石平　台湾が統一されてしまえば、日本は危ない。

髙橋　日本は完璧にアウトだ。それだけはどうしても避けたい。アメリカは台湾との間にも安保条約を結んでいる。アメリカが中心になって、日本、韓国、台湾、フィリピン、オーストラリアでがっちりスクラムを組み、そこにインドをくっつける。それが安倍首相の考えかたである。

ダイヤモンド安保戦略が実現すれば、中国の太平洋進出を確実に抑えられる。中国の法制度がある程度日米と一緒であればそこまで対峙する戦略を採らなかったかもしれないが、中国はまったく異質、異形で自由もない国だ。そんな国に太平洋を牛耳られたら、とんでもないことになりかねない。

日本は台湾を植民地化でなく合邦化した

石平　歴史の話になるけれど、台湾も韓国も日本の統治下にあった時代があった。興味深いのは、台湾と韓国の日本に対する評価が真逆であることだ。

先に話したように、私は8月に台湾に旅行をしている。そのときに台南まで足を延ばして、台南にある「台湾歴史博物館」を訪ねた。台湾全体の歴史を詳《つまび》らかにする博物館がどういうわけか、台北でなく台南にあるのだ。

博物館の展示は大きく2つに分かれていた。1つは近代以前。先住民の時代、オランダ人の入植時代、鄭成功《ていせいこう》による支配の時代、清王朝の支配下に置かれた時代。これらが歴史の前半として紹介されていた。

後半の歴史は近代で、日本統治時代から始まっていた。日本統治時代の展示はとても大きなスペースを占めており、しかもかなり忠実に再現されていた。台湾の産業の近代化から、生活や教育の近代化まですべて日本が担っていたことがわかった。

印象に残っているのは、日本統治時代において、台湾に「新女性」が誕生したことだった。近代以前、台湾の女性は家事労働をする存在であったけれど、日本統治時代は女性が社会進出を果たしてさまざまな職業に就いた。その説明のかたわらに、さまざまな職業の制服を身につけた台湾人女性のマネキンが展示されていた。日本が初めて台湾で発電所をつくったこと、金融システムを導入したことなどを取り上げ、ほぼ全面的に日本の統治を褒めていた。

髙橋　なぜ台湾人が日本を高く評価するのかは、日本統治時代と大陸から逃げてきた蒋介《しょうかい》石《せき》の国民党統治時代の2つを〝経験〟しているからにほかならない。台湾入りして暴力と略奪を繰り返した国民党軍を見ているから、日本統治時代の良さが余計に際立つ。
一方、韓国人は日本に統治されただけで、中国の統治を経験していない。だから日本を悪いと思い込んでいるのだ。おそらく、2つを台湾のように経験してみたらよくわかると思う。

石平　台湾の日本の統治時代を体験した人は、蔣介石が乗り込んできたあとの統治を比較できるけれど、韓国は比較できないから、日本の良さが理解できないわけである。

髙橋　ただ、日本の台湾統治について誤解されていることがある。それは、日本は台湾を植民地支配したわけではないということだ。正式に台湾を「併合」した。これは条約であり、台湾側も署名している。

ここはきわめて重要なことで、日本は植民地化（コロナイゼーション＝colonization）ではなく、合邦化（アネクゼーション＝annexation）を選んだわけである。アネクゼーションでは自治領を認める形で運営されることが多く、自治領を認めない植民地支配とはまったく異なる。韓国についても同様で、あれは「日韓合邦」、植民地支配したわけではなかった。

石平　その証拠に、内地の東京に東京帝国大学があるように、台湾にも「台北帝国大学」を置くほど台湾を尊重していた。

日本は文明を台湾に輸出して、台湾を文明社会につくり上げた。あるいは、武士道的な精神や明治の精神など、さまざまなことを台湾に教え込んだ。ある意味においては、台湾人は日本統治時代に「日本人」になった。同時に、近代社会を手に入れたことになる。

ところが、日本の敗戦後、台湾は大陸で共産党に敗退して、台湾に逃げてきた蔣介石の国民党政府の統制下に入った。おそらく当時の台湾人にすれば、これまで経験したことのないような野蛮な外来政権が押しかけてきたわけで、近代文明社会からいきなり〝野蛮国家〟に逆戻りしたような気持ちではなかったか。髙橋さんが指摘するように、この対比が台湾人には凄まじい衝撃だった。

以前、ジャーナリストで「酒友」の門田隆将氏と、当時の台湾の歴史を詳しくさらってみたことがある。国民党軍は台湾に上陸するとただちに台湾総統府管轄下の糧食倉庫の接収を開始した。米、塩、砂糖をぶんどると、続いて兵器や金属資源などを接収し、それらを台湾海峡を渡って福建まで運んで売りさばいて、その金を懐に収めた。そのとき荷物を運んだジャンク船の行列が、「蟻が食べ物を運ぶようだった」と伝えられている。

日本人が内地に引き揚げると、日本人が在職していた社会の主要ポストを、教育水準の低い外省人（中国人）がすべて占領した。台湾人のエリートが就くべきポストを、上海から来た靴職人が取ってしまうといった具合である。台湾に流入する中国人の数はどんどん増えて、優先的に職に就き、台湾人の仕事を奪っていった。

台湾の人たちの悲惨な日々は続く。国民党軍が台湾のありとあらゆる物資を強奪して、海外に持ち出してしまったことで、台湾内は猛烈なインフレに襲われた。そのうえで、国民党は通貨の切り替えを断行した。古い台湾貨幣4万円に対して、新貨幣1円という滅茶苦茶なものだった。1947年、台湾人にとり悪夢でしかない「2・28事件」はその延長線上で発生した。

日本時代をもし体験していなければ、おそらく台湾は、そのまま唯々《いい》諾々《だくだく》と国民党の統治を受けたにちがいない。だが、日本が持ち込んだ近代文明社会を体験した以上、規律・規範・秩序の欠片もない暴力的な圧制など受け入れられなかった。だからこそ、2・28事件を生んでしまった。

当時の台湾人にとっては、日本統治時代がむしろ自分たちのアイデンティティとなっていたのではないか。はっきり言って、日本統治時代が始まるまで、中国から化外《けがい》の地に住むと言われてきた台湾人は、特別なアイデンティティを持ってはいなかった。つまり、日本の半世紀におよぶ統治時代が現在の台湾人のアイデンティティをつくり上げたのだ。

民主主義を獲得して、野蛮な国民党体制が終わると、台湾には自動的に民主的近代社会が回復した。同時に、かつて日本人と一緒につくり上げた台湾のアイデンティティも復活してきた。そういう意味では、台湾人のアイデンティティは、最初から日本と切っても切れない関係性がある。

髙橋　民族をいじっていないのも併合の証と挙げられよう。韓国はそうした日本の歴史を知らない。おそらく韓国は自分たちのアイデンティティがないから、日本を悪者にしているだけだと思う。

石平　日本に対する憎悪抜きに自分たちのアイデンティティを保つことができないのは、正直、情けない。

髙橋　なぜなら、韓国は戦争もせずに解放されたからだ。普通はその国の独立戦争がアイデンティティと結びつく。韓国の場合、独立戦争をせずに、気がついたらアメリカが日本に勝利して解放されてしまった。こんなに情けない解放は歴史上、なかなか見当たらない。中国でさえ、国共内戦を経て、いまの中華人民共和国が生まれている。

石平　自分たちのアイデンティティを他の国に対する恨みの上でしかつくれない韓国は、永遠に成熟できないと思う。

高橋　ちょっと話が逸れるけれど、例のＧＳＯＭＩＡについても、つくづく韓国という国は情けないと思った。ＧＳＯＭＩＡを破棄したとき、「アメリカは理解してくれている」と嘘をついた。さらに、「日本が譲歩するのであれば再協議していい」と譲歩してきた。アメリカに駄目出しをされたから、あんな言い方になってしまったのは見え透いている。

石平　中国も本音では韓国が大嫌いだ。一般の中国国民は「反日反日」と言いながら、日本に対してはある意味敬服する一面を持っている。日本はすごい。日本からいろいろと学ばなければならないと。

実は中国人ほど〝人種差別意識〟の強い国はない。中国人の人種差別の対象のひとつが韓国人である。人種的に朝鮮、韓国については常に上から目線で差別する。韓国に対してもっとも優しい民族は日本だと思う。

日韓関係が怪しくなると、日本のテレビのなかで韓国のために弁解する日本の識者がどれほどいることか。たとえば、悪化する日韓関係を議論する番組があるとしよう。日本のために弁護をする識者が１人とすると、韓国のために論を張る識者が３人はいるのである。

すでにTPP加入の意思表示をした蔡英文

石平　台湾の話に戻すと、最近台湾で聞いた話では、米中貿易戦争について台湾の人たちは心のなかで喜んでいる。

髙橋　先にも言及したが、米中の貿易戦争は日本や台湾は漁夫の利を得ることになる。本当は韓国もラッキーなはずなのだけれど、中国に肩寄せしすぎているから、中国の影響をまともに受けて、チャンスを逃している。中国に少し距離を置いている日本と台湾が幸運に与《あずか》っているのが実相だ。

石平　喜んでいるもう1つの理由は、米中貿易戦争の最中、台湾企業が中国から撤退して台湾に戻ってくるケースが増えていることだ。

そもそもの経緯は、かつて台湾企業は台湾でものをつくりアメリカに輸出、つまり、アメリカに対する加工産業、下請け産業という分野で繁栄を築いた。しかし、台湾の人件費が高くなると、大半の工場を中国に移転し、アメリカに輸出する体制を採った。

米中貿易戦争下では、台湾企業は中国でものをつくってアメリカに輸出すると高い関税をかけられる。中国の人件費も上がっているから、この際だからと台湾に戻ってきたわけである。

髙橋　台湾の鴻海《ホンハイ》精密工業などは中国に入れ込み過ぎて失敗している。一方、日本の大手、TDKはじめ何社かは、もはや中国に生産拠点を出していても目はないと判断し、撤退を進めている。

石平　習近平政権の一貫した台湾に対する戦略は、反発の大きい軍事力を恃《たの》みとせず、経済的統合を先行させることであった。台湾経済を中国大陸に取り込む。台湾経済が中国大陸なしには成り立たないという状況を現出させる。そして彼ら流の言葉で言えば、台湾が「熟した柿のように落ちてくる」のを待つわけである。熟せば、わざわざ取りに行かなくても落ちてくるのだと。

ところが、ここでも習近平の思惑は外れてしまったようだ。1つは、米中貿易戦争のために台湾企業の中国からの〝里帰り〟が加速していること。そしてもう1つは、台湾をTPPに、要は中国を抜きにした経済圏に取り込むと、台湾は中国なしでもやっていけるということである。

髙橋　実際にはすでに蔡英文《さいえんぶん》・台湾総統は8月に、「TPPへの台湾の参加を希望する」

と日本側に伝えてきた。大々的に発表されないのは、TPPへの参加は全加盟国の賛同が必要であるため、時間がかかっているわけである。

けれども、TPPの核となる日本がOKしているから、実現可能性はかなり高いのではないか。そうなれば、中国は焦るにちがいない。やはり日本と台湾は阿吽《あうん》の呼吸の形でうまくやっているのだと思う。

石平　私としては台湾にはTPPに入って欲しいけれど、韓国は入れたくない。

髙橋　韓国はTPPに入れないのではないか。日本と関係がここまでこじれてしまっては無理だ。かねてより韓国はこういう経済圏に入るのを好まず、「バイ（ラテラル）」、独自に二国間で交渉を行うケースが目立つ。

韓国が日本のホワイト国指定を失うことの意味

石平　韓国はいちおう世界で12番目のGDPを持つ国だけれど、輸出一辺倒であることから、非常にもろい側面がある。

髙橋　だから、日本が輸出立国だった頃は、日本がうまくいかないと韓国がのしてきた。

そんな関係性があった。

石平　韓国経済が成り立つのは輸出のおかげで、その主役はサムスンなど財閥系企業に限られている印象が強い。

髙橋　ものすごく単純な図式だ。いまも東芝が落ちぶれるとサムスンが上昇し、ソニーが良くなるとサムスンが大変な状況を招くといった満ち引きがある。

石平　逆にサムスンなど数少ない大企業が失速してしまえば、韓国経済はもう終わりだ。代わりに韓国経済を牽引する術《すべ》は何もない。そうでありながら、平気で日本と喧嘩しているのが理解できない。

髙橋　サムスンあたりはあまり日本とは喧嘩をしないでくれと現政権に抗議するのだけれど、文在寅《ムンジェイン》政権自体が「左」で財閥叩き、大企業叩きの方向だから、暖簾《のれん》に腕押しの状況だ。文在寅はそういう意味で経済がわからない。もう少し「右向き」の大統領であれば、あそこまで大企業叩きはしない。

石平　日本が韓国を「ホワイト国」から外したことで、今後、韓国経済に大きな影響が出てくるのではないか。

髙橋　これはかつてのココム（COCOM＝対共産圏輸出統制委員会）、対共産圏輸出を西側諸国が規制する制度の流れと一緒なのだが、ココムはソ連が潰れたときに失効した。日本はココムに戦後からずっと入っていた。新しい協定は、安全保障上の信頼関係のある国を輸出管理で優遇する「優遇対象国制度」で、日本はアメリカ、ドイツ、フランスなどを「ホワイト国」に指定していた。韓国については、日本は２００４年からアジア唯一のホワイト国に指定していた。

これが韓国に有利に働いた。それまでアジアで欧米から認められていたホワイト国は日本のみだったが、その日本が韓国をホワイト国に指定したことで、世界から見ると玉突きのように、韓国もホワイト国になるわけだ。

だから、日本のホワイト国指定を失うことは、日本から韓国経由で輸出に使ってきたあらゆる企業はそれができなくなる。これは韓国にとり打撃だろう。韓国は自国経済も大変だけれど、日本経由で行っている貿易がなくなってしまうのだから、これは非常に痛い。死活問題になると言ってもよい。

石平　なるほど。日本との直接貿易額よりさらに大きくなっていたビジネスが消滅するということか。

髙橋　日本が韓国をホワイト国と認めていたから、韓国経由で世界のどこへ輸出してもオーケーだったのだ。日本はそこまで韓国を〝優遇〟してきたのである。

石平 しかし考えてみれば、韓国という国はどうしようもない。日本が韓国を優遇し、韓国の立場を良くし、韓国経済のために好環境を築いたのに、そうした〝恩義〟を忘れて日本を叩く、日本をいじめる。よくそういうことできると思う。

髙橋 なぜ韓国をホワイト国から外すのか。世界から「日本がホワイト国であることを利用して、日本から輸入した戦略物質を北朝鮮に横流ししているのではないか」と疑念を呈されているからにほかならない。

だから、日本はホワイト国をもう一度厳格に見直した。それだけのことだ。対して韓国は「このように輸出管理をしています」と日本から輸入したものはこうして自国で消費し、余ったものは第三国へ輸出していることを証明すればいい。もちろん、リストを添えて。そういう対応をしてくれれば、日本としては何もできない。

ところが、リストを出してこないのだから、本当に横流ししているのではないかと疑われても仕方がない。それどころか、韓国は本件とはまったく無関係のGSOMIAの破棄という対抗措置をとってきた。

おそらく韓国は横流ししているのだろう。「していない」と韓国は強弁しても、それを証明できない。日本の対応は簡単で、「横流ししていないことをはっきり証明してくれれば、ホワイト国に戻します」と言うだけで終わるわけである。

日本の弱みにつけ込み言いたい放題を続けてきた韓国

石平　戦後74年間、日本がどれほど韓国にいじめられて、どれほどゆすられてきたことか。いくら日本をいじめてもゆすっても日本は何も手出しできないと、韓国はずっとタカを括ってきた。今回の件で、日本が本気になったら大変な事態に見舞われることが韓国にもようやくわかったのではないか。

髙橋　日本が下手を打ったのは、実際は「日韓併合」だったのに、韓国から「あれは植民地化だった」と追及されたときに反論しなかったことである。繰り返しになるが、これは英語で議論するときには「日本は韓国を自治領とした。植民地支配はしていなかった」と絶対に反論しなければならなかった。コロナイゼーションとアネクゼーションではまったく意味がちがうのは先に論じた。

ではなぜ日本は強硬に反論をしなかったのか？　おそらく日本のなかでなんとなく植民

地化という意識があったのだと、私は推測する。
日本の外務省も、そのあたりはあまり強調していなかったのではないか。心のなかで「ちょっとひどいことをした」という弱みがあったのかもしれない。そこに韓国がつけこんで、ずっと言いたい放題に言ってきた。

石平　たとえば自民党幹部の石破茂さんまで、日本と韓国の間の対立の根っこにあるのは「日本が歴史には向き合わなかったからだ」と外に向けて語っている。自民党の主要な政治家でもそんなバカな考えしか持っていない。

髙橋　「併合」と「植民地化」が日本人の頭のなかできちんと分離されていないような気がしてならない。
「この2つはちがうので、間違ってはいけない」と国際政治の世界では警告されるものなのが、日本ではその認識が薄いようだ。私の周囲にも植民地化と併合を同じだと思っている人がいる。

石平　併合はまったく〝正当〟なものであり、自治領を認めているのと同じことだ。

髙橋　今後、日本は厄介な隣国である韓国とはどう付き合っていけばいいのか？

髙橋　少し目覚めさせるのは不可欠だけれど、ここしばらくは文在寅政権のみを攻撃するのではないのか。次にちがう政権になれば、別の態度で接するのだと思う。かつての朴槿恵《パククネ》政権は慰安婦問題で基金を設立することに同意しており、いまの政権とはかなりスタンスが異なっていた。まあ、文在寅政権はあれをひっくり返すのだから、日本としては呆れるしかない。

北朝鮮出身の文在寅大統領は極左で北朝鮮を崇めている人なのだが、気の毒にも彼は北朝鮮からもアメリカからも見放されている。中国だけが助けてくれる。

石平　いや、ちがう。中国は日韓問題で韓国を助けない。

高橋　ＧＳＯＭＩＡを韓国が廃棄したことに中国は賛成すると、報道官が言及していた。

石平　いちおうはそう言う。

高橋　アメリカはけしからんという反応を見せた。アメリカが提唱してつくったＧＳＯＭＩＡをどうして韓国は破棄するのか、文在寅大統領の言行に疑義を呈している。この一件でおそらく習近平は韓国を抱き込む戦略をとるのではないのか。

石平　習近平にしてみれば、韓国を抱き込むよりも日本を抱き込んだほうが国際戦略的に利益を何倍も得られる。韓国などは使いたいときに使えばいい。習近平政権の対アメリカ戦略は滅茶苦茶な状況だし、一帯一路でもうまくいっていない。いまの習近平にとり唯一の救いは安倍晋三かもしれない。だから、このごろ安倍首相にけっこう擦り寄っている。

高橋　中国は天安門事件直後と一緒の状況かもしれない。あのときも日本に気持ち悪いくらい擦り寄ってきた。6月の「G20大阪サミット」で習近平は薄気味悪いくらいニコニコしていた。

石平　かつての習近平は安倍首相に対してニコニコしたことがなかったけれど、本当に変わったと思う。

習近平は安倍首相のやり方を見習うべき

石平　オバマ政権時代の2013年、習近平はアメリカと「米中新型大国関係」、要はG2を共に築いていくことをオバマに提案した。その基本理念とは「衝突しない。相互を尊重する。ゼロサムゲームの考えを起こさない」であった。いまから考えれば、嘘のような話である。

高橋　日米貿易交渉については一部の先送りを除いてあっという間に終わってしまい、米中関係とはまったくちがっているのが誰にでもわかる。

習近平も安倍さんのやり方を学んだほうがいい。安倍さんは絶対に報復関税などしないスタンスを貫いている。相手の言い分はとことん聞いて、ちょっとだけ譲歩するというパターンである。

今回のアメリカとの交渉についても、ライトハイザーに言わせるだけ言わせておき、報復関税などしないでとにかく話し合いを続けた。それで話し合いが長引くと、トランプも大統領選に向けて成果がないといけないから、自動車関税２・５％を継続しただけで終わってしまった。

石平　安倍さんが上手なのは、トランプの再選を阻もうと、トランプの支持母体の１つである農家をいじめて、アメリカ産の農産物に中国が高関税をかけたのをカバーするため、日米貿易協議でアメリカからトウモロコシを大量に買ったことだ。

習近平はさぞかしがっくりきたことだろうと思う。安倍の奴、また余計なことをしてくれたと。だが、習近平は表向きに安倍さんに怒ることもできない。

高橋　トウモロコシなど別に日本は買わなくてもいいのだけれど、まあアメリカへのリップサービス、お土産みたいなものだ。あとは自動車関税は継続協議になったことか。これについては日本から見れば全然大した話ではない。

石平　今後も中国がアメリカの大豆に高関税をかけてアメリカの農家を困らせるなら、これは私の提案だが、日本がどんどん買い取ればいい。それで日本国内の需要を上回ったら、アフリカなどの新興国に送ればいいと思う。

髙橋　先にも解説したけれど、アメリカはアメリカ市場を失いたくない中国企業が増税分を肩代わりしてくれており、それを場合によっては農家に補助金として渡すこともありえるとしているわけだから、本当はトウモロコシなど買わなくてもよかった。

おそらく安倍さんはトランプに「中国企業からの関税収入が増えているでしょう。それを農家に回せばいい」と言っていると思うけれど、それでもトウモロコシを買うということは、外に見せるためだ。

本当は買わなくても、アメリカの農家としては政府から補償してもらえればいいだけだから、腐らせてはもったいないから、日本が安く買うという話なのだろうと思う。

ADBとAIIBの差

石平　もう1つ、習近平が安倍さんに擦り寄ってくる理由は、一帯一路がまったくうまくいっていないことがある。習近平は日本が影響力を持っているアジア開発銀行、および日本の財界を一帯一路に絡ませたいと考えているが、それは甘い皮算用だ。

髙橋　当然ながら、安倍さんは乗ってこない。実は私は安倍さんに国際金融機関のメカニズムについて、細かく話したことがある。

国際金融機関が融資をする方法はどこも一緒で、たとえばＡＤＢ（アジア開発銀行）は国際金融市場からお金を借りてきて、これをそのまま融資が必要な国に貸し出す。これが国際金融機関の融資の仕方の基本である。

具体的にはＡＤＢ債を発行して借りてくるのだけれど、その金利はＡＤＢの株主が基本となって決まる。ＡＤＢの株主はアメリカと日本だから、アメリカと日本が国際金融市場で借りる金利に収斂する。ざっと以上のような原理が働いている。

そうするとＡＩＩＢの株主は中国だから、中国が国際金融市場で借りる金利になる。中国には悪いが、日本とアメリカと比べると、〝格〟がまったくちがうわけである。

国際金融の世界はこれまでの実績が評価の基本となっているから、最近台頭してきた中国は新参者扱いされてしまう。要は、中国は国際金融市場において信用されておらず、お金を借りるときに金利が高い。つまり、チャイナ・プレミアムになっている。

ということで、原理的にＡＩＩＢが借り入れるときの金利は必然的にＡＤＢより高くなってしまう。

したがって、ＡＩＩＢが融資相手国にＡＤＢ並みの金利で融資するならば、ＡＩＩＢと中国政府は赤字を覚悟しなければならない。

ＡＩＩＢにはこういう欠陥があることから、そのうちに習近平は日本やアメリカに「ＡＩＩＢの株主になってくれ」と要求してくるにちがいないと私は踏んでいた。そこで私は安倍さんに、「ＡＩＩＢの株主になるのは絶対に拒否してください。必ず習近平は頼みに来ますから」と助言した。そのとおりの展開になった。安倍さんはこう言っていた。

「言ったとおり、頼みに来た。断ったよ。日本が株主になったら金利がガッと下がって、ＡＤＢと一緒になるから、そんなことはできるわけがない」

石平　中国はよけいにＡＤＢを巻き込みたくなる。

髙橋　ＡＤＢに接触してＡＩＩＢはさまざまなノウハウをもらってはいるが、基本的な調達コストは差がついたままである。ＡＩＩＢに日本が参画しない限り、この状態は続く。

石平　髙橋さんはこれからも引き続き、安倍首相に進言すべきだ。

髙橋　安倍さんはＡＩＩＢに日本が参画したら、敵に塩を送ることになるからと言っていた。ただ、「日本の民間企業が一帯一路に参画することについては、日本政府としては止められない」とも言っている。

だから昨年訪中したとき、安倍さんはＡＩＩＢの関係のシンポジウムには一切出ていない。出席したのはすべて民間企業の連中だった。日本の新聞はそれを知らないで、日本政府も参加したと書いていたけれど、あれは明らかに誤報である。安倍さんはそこのところはきちんと分けている。

プロジェクトの実行を望んでいる諸外国にしてみれば、高金利のＡＩＩＢに頼むか、低金利のＡＤＢに頼むかの話で、低金利のほうがいいに決まっている。おまけに高金利のほうはちょっと支払いが滞ると、土地を奪ったりする。ああした振る舞いは中国が国際金融の基本を理解していない証拠で、自業自得だと思う。

具体的に両者の金利は１％くらいの差がある。これはなかなか大きな差で、これが中国が国際金融から借りるレートと日本とアメリカが借りるレートを〝反映〟しているわけである。

ＡＩＩＢがいくらイタリアなどヨーロッパに触手を伸ばしても、ヨーロッパ諸国は出資しないから、ＡＩＩＢの調達金利は高いままだ。

したがって、ＡＩＩＢが高利貸しでもいいと割り切ってインフラ整備を行う国があるかどうかということになる。ただＡＩＩＢには融資相手国に対する手厚いサポートがあるといった話など聞いたことはなく、これはどう考えてもＡＤＢが勝つ。

石平　これまで実際に成立した案件はどの程度あるのか？

高橋　中国政府が無理やり「借りてくれ」「借りろ」と脅して行ったプロジェクトで4件程度か。それもスケールも金額も小さいものばかりだ。ＡＩＩＢがチャイナ・プレミアムから逃れるにためには、中国が資本主義国にならないと無理だろう。チャイナ・プレミアムは一朝一夕にはなくならない。そこが先進国との差だと思う。

石平　来年、習近平が訪日する。国賓待遇で日本に来ても、断るべきものは断るべきだと思う。

高橋　先に述べたように、この件について安倍さんはよくわかっている。政治判断を迫られる場合はどうなるかはわからないが、普通はやらない。

石平　昨年、安倍さんが訪中した際、中国と通貨スワップ協定を結んだが、その意味合いは何だったのか？

高橋　あのスワップは日本から中国に進出している企業が中国の銀行から融資を受けられ

ないときに困るから、日本企業向けに決めたものだ。だからあれは日本企業対策。中国企業を助けるわけではない。

石平　けっこう小額で、３兆円程度だった。

髙橋　それぐらいで当面しのげればいいかなということだ。タネを明かせば、日本企業から要求があったからだ。中国で事業を展開している日本企業の人たちが「いざというときに大変です」と陳情してきたからそれに応えたという形である。

韓国を潰して金正恩に捧げたい文在寅

石平　髙橋さんとの対談を通して強く感じたのは、日本の外交戦略、経済戦略を進めるうえで日米主導でつくる「ダイヤモンド安保戦略」はきわめて重要であり、これをより強固なものにして中華帝国、中華経済圏に対抗していかねばならないということだった。そしてそのカギを握っているのが台湾であることもわかった。韓国はもうどうでもいい。

髙橋　韓国については、本当はダイヤモンド安保戦略の一角に組み込まれていたのだけれど、勝手に出て行くのなら仕方がない。韓国は社会主義国陣営に入りたいということなのだろう。そうとしか思えない。

石平　昨年、海上自衛隊哨戒機に対する韓国海軍駆逐艦による「レーダー照射事件」があったが、あれは洋上において船から船へ船荷を積み替える「瀬取り」の現場を海上自衛隊に発見されたからなのか？

髙橋　大した瀬取りではなかったかもしれない。ただし、韓国海軍が北朝鮮の漁船を助けているところを日本の哨戒機に見られてしまい、「まずい。あっちへ行け」と威嚇しただけの話だと思う。だいたい北朝鮮の船のそばに韓国の駆逐艦がいること自体おかしい。韓国の駆逐艦が瀬取りを助けていたと思われても仕方がなかった。

石平　あの事件を契機に、日韓関係の悪化の度合いが激しくなってきた。

髙橋　だから、韓国と北朝鮮はツーカーだとしか思えない。文在寅自身がそうなのだと思う。それで「戦略物資を北朝鮮に横流ししていたのではないか」と疑念を呈したら、文在寅は逆ギレしてしまった。普通は「横流しなどしていない」と返してくるだけの話だ。

石平　国家の元首がそこまで熱心に自分の国を潰していくおぞましい姿を、私は初めて見た。ひょっとしたら彼が目指しているのは、韓国を潰して金正恩《キムジョンウン》に捧げることかもしれない。

髙橋　金正恩はあまり相手にしていないけれど、文在寅は一方的に入れあげている。金正恩としては、変なのにまとわりつかれてしまったという感じではないか。文在寅の生まれが北朝鮮という出自がやはり大きいのだと思う。

日本がＧＳＯＭＩＡで韓国との情報交換にあまり熱心でなかったのは、文在寅政権になってから、情報らしい情報が届かなかったという。日本が期待している情報はヒューミント（人間情報＝ＨＵＭＩＮＴ＝Human Intelligent）で、韓国人が北朝鮮人と接触して北朝鮮の情報を得てきたのが文在寅政権になってから極端に減った。

文在寅が大統領になってから、韓国のなかで諜報活動をする人が冷遇されていると聞く。大統領の出身国をスパイするな、ということなのだろう。ということで、北朝鮮の情報は韓国から入ってこなくなった。日本は北朝鮮がミサイルを打ったときの着弾情報を韓国に渡しているだけだから、ＧＳＯＭＩＡを止めてもどうということはない。

ヒューミントの情報が入ってこないということ自体が、文在寅政権が北朝鮮を重く見ている証左ではないのか。最近、文大統領自身が朝鮮労働党・秘密党員という噂も出てきた。ところで、台湾の蔡英文総統は現時点においては再選の見通しが高い。石さんはどう考えるのか。

石平　蔡英文が優位に立った要因は2つあって、1つは香港問題で台湾人が中国の〝本性〟を知ったことだ。もう1つは国民党が立てた韓国瑜《かんこくゆ》という候補者の勢いが8月あたりから急速に衰えてきたことである。

一時は支持率が蔡英文以上だったのに、いまは蔡英文に追い抜かれてしまった。韓国瑜本人からさまざまなボロが出てきたのだ。実力も何もない候補者で、台湾滞在中にいろいろとテレビを見たところでは、嘘をついたのがバレたりして、マスコミから叩かれていた。このままいけば、蔡英文が断然有利ではないか。

台湾総統戦が終わり蔡英文政権が続くことになれば、台湾はＴＰＰに加入してくる。

髙橋　後は他の国のコンセンサスが必要だ。文句を言う国がいるかもしれない。

石平　その場合は中国政府が裏で邪魔をする可能性が強い。どこかの国に反対させるのである。

髙橋　でも、さすがにベトナムを脅しても、言うことは聞かないだろう。メキシコに頼んでも無理だと思う。やはりＴＰＰ参加国は中国から少し距離を置いている国ばかりだから。

石平　いま中国の言いなりになる国は、中国の経済援助なしではやっていけないカンボジアなどだろう。

髙橋　だが、有力な国ではないから、あまり心配はいらない。おそらくＴＰＰは11（イレブン）から12（トゥエルブ）になる。私の予想ではトランプが大統領を辞めてから、アメリカが入る。あるいは、トランプがホワイトハウスにいるうちは入らないと思っていたけれど、ひょっとしたら2期目になったら入るかもしれない。彼は予測不能のところがあるので、それはちょっとわからない。

自分のプラスになると思えばＴＰＰに入る。いまの彼の主義主張からは「バイ」でしかやらないはずだ。

石平　ひととおり「バイ」が終わればどうか。

髙橋　中国との「バイ」はそう簡単に終わらない。「中国とは合意したい」とトランプは言っているのだけれど、これはあくまでも大統領選挙向けである。ちょっとでも成果があったら「バイ」を続ける。だが、完全に終わるのは難しい。

「バイ」が完全に終わったのは北中米だ。さすがにメキシコとかカナダとずっと喧嘩をしているわけにはいかない。次に日本がほぼ終わった。日本の次はヨーロッパだ。中国とは最後まで終わらない。

石平　長引けば長引くほど中国は不利になる。だから習近平は本当に愚かだと思う。1年前にアメリカに完全に降伏していれば、かなり良い条件をもらえたのに、いまは降伏してもアメリカの条件はますます厳しくなるばかりである。

第7章

中国の本質

最小コストで最大効果を挙げられるハニートラップ

石平　習近平は自らを最高指導者の座から下りられないようにしてしまった。辞めれば命を狙われるからだ。日本の政治家とはちがう。日本の政治家は辞めれば悠々自適の老後が待っているけれど、中国はそうはいかない。ましてや習近平は一線を完全に踏み越えてしまい、敵をつくりすぎてしまった。隠居などできるはずもない。

胡錦濤までは隠居は可能だった。そんなに多くの敵をつくらなかったからだ。なんだか習近平には、韓国の大統領の引退後のような運命が待っているような気がする。だから、そうならないようにものすごい恐怖政治を敷くわけである。韓国の大統領は1期5年と決まっているが、習近平は憲法を変えて終身主席も可能である。

習近平の時代が長く続けば続くほど、中国共産党を道連れにして中国が潰れる日を速めることになる。ところで、東京五輪後に任期が切れる安倍さんの次の総理大臣は誰なのか？

髙橋　次は内閣官房長官の菅義偉《すがよしひで》さんが有力候補だ。要するに、安倍政権の踏襲という形になる。菅さんと岸田（文雄）さんの2人しか次期総理候補がいないなか、先の参院選の地元広島で子飼いを立候補させた。そこに菅さんが対抗馬を出して衝突、結果は菅さんが推した候補者が当選した。

選挙は真剣勝負だ。自分の地元の選挙で子飼いを出して当選させられなかったのは致命的である。岸田さんは完全に劣勢に回ってしまった。逆に広島に刺客を送り込んで勝った菅さんは勢いづくばかりである。

石平　菅さんは安定感がある。

髙橋　安倍さんの完全な腹心だったから、基本的には安倍政治と同じだと思っていていい。だから、これから中国は当分のあいだ、菅さんをよいしょしなければならないだろう。中国はずっと二階俊博幹事長をよいしょしてきたが、彼は高齢のため、そろそろ引退する。

石平　二階さんがいなくなると、自民党の親中派の親玉は誰になるのか？

髙橋　自民党内に親中派はけっこう多くいる。親中派＝下半身スキャンダルでチクられるのを心配している議員とも言われている。

石平　やはり議員の下半身は諸悪の根源となるわけだ。ハニートラップは中国が大得意なのだが、あれは国家戦略として正しい、最小コストで最大効果を挙げられるわけだから。ほとんど国家予算は要らない。

ハニートラップはどこの国でもある。ない国はないのではないか。ただし、独裁政権が大規模に組織的にやるからうまくいくのだ。まともな民主主義体制では簡単にはできない。

ＡＫＢ流「総選挙」導入に猛反対した中国当局

髙橋　中国に人権派はいないのか？

石平　いるけれど、全員が刑務所にいる。

髙橋　政府がウイグル族をどう扱っているのか、中国の国民はどれぐらい知らされているのか？

石平　漢民族の中国国民は、ほとんど関心がない。

髙橋　あれこそが植民地化だろう。

石平　漢民族の大半はむしろよいことだと思っている。漢民族ほど少数民族に対して上から目線で見る民族はいない。

要するに、１００万人のウイグル人を職業訓練センターと称する収容所に閉じ込めて、洗脳して、おとなしくなれば、それでいいと考えている。

高橋　漢民族の定義はなかなか難しいのではないか。

石平　別に厳格な定義などない。要するに戸籍上漢民族になっている人はみな自分は漢民族だと思っている。

高橋　よく日本の左翼系マスコミが「安倍政権は独裁だ」と言うのだが、中国の人が見たら、「あれが独裁かよ」と大笑いするだろう。独裁とはやはり、習近平みたいな恐怖政治を示すのだろう。

自由で何でも発言できる日本の新聞が安倍政権に対し見当違いの記事ばかり書き立てたことから、国民にうんざりされるばかりか、信用を失墜させてしまった。

中国では官製、民間メディアを問わず、全部がフェイクニュースなのを国民は認識しているのか？

石平　みんなわかっている。だから最初から信じない。

高橋　では、中国人は何を信じるのか？

石平　1つには、人民日報の裏を読むわけである。たとえば人民日報が「この問題についてはすでに解決済みである」と書いているならば、この問題は解決されていないと読む。

あるいは人民日報が「われわれはこれから金融危機の防止に尽力しなければならない」

とあれば、中国人で頭が切れる人は、金融危機はすでにやって来ているのだと了解する。

高橋　中国のことでわかりにくいのはインターネットの実態である。あれは完全にコントロールされているのか？

石平　インターネットで政府とちがう情報を流すと、すぐに捕まってしまう。インターネットを扱う通信会社も政府には逆らえない。個人情報はすべて筒抜けなので、インターネットで一言でも政府批判を呟けば、翌日、警察が玄関に立っていることになる。

高橋　インターネットが発達すると、独裁政権は崩壊すると言われたけれど、そうではなかった。

石平　でも、インターネット時代になったため、昔のように情報の隠ぺいができなくなった。たとえば、中国のどこかで大きな爆発事故が起きても、昔ならば完全に隠ぺいできた。いまはもうそれができない。

高橋　ネットで画像を流せばいいのだから。なかったことにするのは不可能になった。そうなってくると、一般的にナイーブな人には民主熱が高まっていくと思うのだが、中国には一向に政府転覆とかの動きは見られない。

石平　一般的な中国人とは、自分の利益にならないことはしないものである。

髙橋　日本はこれから「民主主義の輸出」をしたらいいと思う。実は、私はそれを本にも書いたし、ビジネスでもトライしたことがあった。日本にはＡＫＢ48という人気女子ユニットがいる。私は講演で、中国の民主化を促進させるため、中国にＡＫＢ48文化をどんどん輸出し、上海ＡＫＢ（ＳＮＨ48）のようなユニットを各都市につくるべきだと提案したことがあった。

ＡＫＢには「総選挙」があって、結果により立ち位置のセンターや映画出演などが決められる。民主主義の根幹を成す選挙を中国に輸出しようと私が動いたら、中国当局はすぐに気づいたようだった。「総選挙を遊び感覚でやるのは困る」と猛烈に反発してきた。日本でもＡＫＢの総選挙でリーダーやセンターを選ぶのは面白いし、お祭り気分になる。それと同じことをやろうとしたのだが、頑なに拒絶された。

やはり中国においては誰かを投票で選ぶという行為は〝ご法度〟なのだろう。その後中国側はＡＫＢと同じような女子ユニットを編成したのだが、総選挙はなしであった。そんなことをさせて、「選挙は道理に適っている、民主主義は素晴らしい」などと国民に思わせてはならないからである。

石平　それは香港を見ればよくわかる。香港でさえ「普通選挙」は許されていない。

歴史のパターンから分裂の時代を迎える中国

高橋　普通選挙や民主主義の素晴らしさを中国側の誰がどういう形で中国に植え付けるのかが問題なのだが、西側で学んだ留学生たちはみな知っているのではないか。

石平　海外で民主主義という〝宝物〟を知ってしまった中国人は、本国へは戻らず、たとえば日本国籍を取って日本へ住むことを希望する。中国本土に戻る中国人の大半は自分の〝利益〟のことだけを優先するから、選挙権などどうでもいいと考えている。

高橋　20世紀初頭、日本に留学してきた中国人学生は、その後の辛亥《しんがい》革命の一大勢力となって大陸で活躍したのだが、そういう発想はしなくなったのか？

石平　日本はそんなつまらない心配をしなくていい。日本自身をもっと強くして、成長させて、自分の国をきちんと守れるようにする。それだけに専念してくれればいい。

高橋　かねてより私には中国の国防費がよくわからない。人民解放軍が1つの会社みたいになっている。

石平　人民解放軍は国民の税金で成り立ちながら、いろいろな事業を行っている。

髙橋　それでは中国には純粋なる株式会社はどのくらいあるのか？

石平　民間企業も一応は株式会社だ。とはいっても、共産党から人を送り込まれている。

髙橋　議決権がないという意味では、共産党委員会は日本で言うところの出資要件になってしまう。

石平　でも実際には、共産党委員会が議決権を牛耳っている。

髙橋　その意味では、日本の株式会社みたいなものはほとんどない。日本人にはそれがわからないから、株式があると聞いた日本人は、経営参画ができるのかとすぐ言うのだけど、実際には出資するだけで、何もできない。要は制度がちがいすぎるわけである。

石平　上場している中国企業の株式も買えるけれども、株主は経営にはふれられない。

髙橋　それを日本的に言えば、中国の会社は全部国有企業になる。

石平　株主は株を投機で買っているだけだ。株を売買しているのみで、誰も本気で欧米のような「物言う」株主になることなど考えていない。

髙橋　だから日本で言うと、議決権のない株式を買っているだけだ。そういう国ではふつうの資本主義経済が運営されることはありえない。鄧小平はうまいことを言って誤魔化したとは思うが、社会主義市場経済そのものが、どう考えても原理的に無理がある。

石平　鄧小平が偉いのは、誤魔化しで30年も中国をもたせてきたことだ。最近ではようやくポツリ、ポツリと誤魔化しがバレてきた。そのうちの1つが「一国二制度」を〝保証〟した香港だった。社会主義市場経済についての誤魔化しについても次第に馬脚をあらわしてきた。鄧小平の騙しが全部バレて効力を失ったとき、中国は終焉を迎えるのではないか。

高橋　石さんから見て、日本人の中国びいきの背景はわかるのか？

石平　わからない。

高橋　中国寄りな日本人には、奥さんが中国人というケースが多い。これはわかりやすい。独自の情報網を持っている人が中国シンパ的な人になっている。

中国シンパの日本人からすると、中国は社会主義国の1つのモデル国家である。旧ソ連と中国は代表モデルで、発展してもらわないと自分たちの寄るべきところがない。

私がアメリカに学びに行ってすぐに実感したのは、マルクス経済学が本物の経済学ではないことだった。あれは経済学ではなく、歴史なのだ。

石平　青春時代を『資本論』に費やした連中はなかなか中国から抜けられない。

高橋　中国の歴史のなかで、いまの中国共産党の時代はかつての中国と比べてどうなのか？

石平　昔の皇帝時代の悪いところだけを全部受け継いで、さらに悪くしたのが、いまの共産党の中国である。

髙橋　基本的に帝国の時代ということか？

石平　秦の始皇帝からその本質は変わっていない。

髙橋　大きな国なのは間違いないけれど、歴史の流れでみると、統一されている時間のほうが少ないのではないか。

石平　秦以外の王朝の統一期間はけっこう長い。ただし分裂の時代もそうとう長い。

髙橋　次はどっちなのか？　分裂の時代なのか。

石平　中国の歴史のパターンからすると、分裂だろう。

髙橋　あれだけのものを連邦制で維持するのは大変だろう。国家運営は難しい。いまのロシアも結局は維持できなくて分裂した。ただロシアの場合、比較的多くのところがロシアとして残っているからまだましか。ほとんどシベリアだけれど。

中国が分裂したら、日本にはビジネスチャンス到来だろう。

社会保障がほとんど機能していない社会主義国

高橋　ところで、中国の高齢化社会が日本の比ではないほどの勢いで進んでいるようだ。

石平　1つは自然発生的な高齢化。もう1つは人為的高齢化にある。要は、1979年から2015年まで続けた「一人っ子政策」がもたらした大弊害である。中国の高齢化をより際立たせてしまった。

一人っ子政策がなくても高齢化は訪れたのだけれど、一人っ子政策を行い、若い世代を〝人工的〟に減らした結果、相対的に高齢者が増えてしまったわけである。

ただし、この政策はある程成功したという論を唱える学者もいる。もし一人っ子政策を採らなかったら、現在の中国の人口は16億から17億に達していたという試算もあるからだ。

しかし、その結果もたらされたのは、「余剰男性」問題であった。一人っ子政策が敷かれているなかにおいては、妊娠した胎児が女とわかれば、堕胎するケースが圧倒的に多く、この30年間で男女比率がきわめて〝いびつ〟になってしまった。

現在では3400万人も男性が上回っており、これは台湾の総人口の1・5倍にもなる。

これは中国人男性にとっては悲劇で、国内では結婚相手が容易に見つからなくなっているわけである。

髙橋　私は役人だったし、社会保障制度には関心が高いほうだが、調べてみたら中国の社会保障はやはり、社会主義国らしい姿を晒していた。

石平　中国政府がひどかったのは、一人っ子政策を施行する際、当然出てくる老後保障問題の弊害について、「大丈夫、国民の老後は政府が面倒をみる」とアナウンスしたことであろう。ところが、今になって中国政府のスローガンは豹変した。「老後のことは自分たちで責任を持て」と。

髙橋　中国政府はこれから国民皆保険を敷こうとしているようだが、これは現実的には不可能だ。政府が国民に〝恵む〟社会保障制度は世界中のどこにも存在せず、みな保険制度を敷いている。保険料をそこそこ取って、病気になった人に還元するシステムである。

石平　中国もそうした制度を曲がりなりにも設立したが、プールされている資金がまったく足りない。プールされた資金が投資に悪用され、枯渇してしまったのだ。すると中国政府は、大学を卒業しても職に就けない若者たちが膨大にいるにもかかわらず、一方的に高齢者の定年退職時期を延ばした。

というのは、高齢者に一斉に定年退職されたら年金支給が滞ってしまい、プールに水（金）がないことが露呈してしまうからである。これはいずれ中国の致命傷になるはずだ。

高橋 どこの国もそうなのだが、保険制度は保険原理を堅持し、中身をディスクローズすることで成り立っているわけである。中国にはそれがない。

石平 最後に1つの方法がある。中国の民間企業と進出してきた外国企業から徹底的に搾り取ることだ。

高橋 民主主義国における保険料負担は特別会計で、国の保険の運営法についてたいていは決まっているのだが、社会主義国はほとんど保険の運営に対する方針が曖昧である。つまり、「恵んでやる」方式のどんぶり勘定でやっている。

したがって、たいていの社会主義国の保険制度は破綻する。中国の保険財政で恐いのはこれだと思う。運営原則が明確でなく、しかも透明性がないから、破綻していく運命にあるのだ。

翻って、日本の社会保険制度について、このままでは破綻するとマスコミが騒ぐことがあるけれど、それはない。なぜなら、保険原理で運営されているからだ。

本国の保険制度がきわめて不十分なことが、日本にやって来る多くの中国人の動機になっているらしい。日本に来て日本の保険に入って、日本の国民保険の権利を得ている中国人は、日本で出産したり、癌治療をしたりしている。これらはすべて中国の保険制度が不十分なためである。

石平　実際、中国の医療保険はほとんど機能していない。だから、中国の社会主義は非常に〝残酷〟なものになっている。急病でも交通事故でも、病院に運び込まれた患者は病院側から、治療費の〝半分以上〟をその場で支払えるかどうかを聞かれる。払えなければ、治療はなされない。

日本だったら大変なことになるわけだが、中国の病院にはそれなりの言い分がある。事前に請求し支払ってもらわないと、病院側が破産してしまうからだ。いまの中国は社会主義国なのに、そういう社会になっているわけである。

髙橋　社会主義国なのだけれど、社会保障がぜんぜんダメなのが中国ということになる。

平均寿命前に死亡するのを前提としている日本の年金

髙橋　けれども、アメリカも似たようなところがある。病院に運び込まれたとき、支払い能力があることを証明しないと手術してくれない。ただ外国人はけっこう高い保険に入っているから、そういうことはあまりない。

日本の病院が、誰が運び込まれても手術を拒まないのは、「国民皆保険」という制度が敷かれているからにほかならない。病院側は安心して手術代を国に請求できるからである。

石平　中国では当然それがないので、いざというときに備えて貯金をする。そうなると消費拡大には結びつかない。消費が徹底的に不足しているから、逆にバブルを引き起こす不動産投資に向かってしまう。

高橋さんとここまで語り合ってきたように、中国は本当に満身創痍《まんしんそうい》にもかかわらず、なんとかろうじて回っているわけである。これがいったん止まってしまえば、もう終わりだ。

習近平はそうとうな段階にまで追い詰められているのは、今夏の北戴河《ほくたいが》会議（避暑地・北戴河で指導部と長老らが国政の重要課題を討議）において、中国の長老たちから習近平降ろしの声が出てこなかったことでもわかる。中国が政治経済でここまで苦しめられている〝全責任〟を習近平に押し付けたい。何もかもやりすぎた習近平は当然、その報いを受けるべし。それが長老や反習近平派の底意であるからだ。

それは昨年の秋に開かれるはずだった「四中全会」が開かれなかったことにもつながる。

高橋さんも知っておられるように、中国においては5年に一度開かれる共産党大会が最高の意思決定機関だ。けれども、5年では期間が開きすぎることから、その間に開かれる「中国共産党中央委員会全会」（中全会、400人程度が参加）で毎年の方針を決めることになっている。

ところが、昨秋開かれるはずの「四中全会」は行われないまま、中国共産党の承認がない形で3月の中国の国会にあたる「全国人民代表大会」（全人代）が開かれ、政策公表がなされるという異例の事態が続いている。

第一の理由として挙げられるのは、米中貿易戦争が激化し、バブルの崩壊が危惧されるなか、習近平への辞任圧力が強まっており、四中全会でクーデターを起こされるのを恐れたことである。いかに一党独裁であっても、中全会では、党が政策を承認する会議であるので、承認の決を採らなければならない。その際に弾劾決議が出ることを恐れたのではないか。

高橋　話を年金に戻そう。日本の年金が潰れない理由は、原理がきちんとしているからだ。年金というとなんとなく金額が少ないと思っている人が多いのだけれど、それは当たり前の話なのだ。基本的に年金は、長生きしないともらえない仕組み（保険）になっている。

逆に言うと、平均年齢まで生きられない人は、年金は1円たりとももらえない。したがって、早死にする人は保険料だけ積んだけれど、見返りをもらえないで終わる。

つまり、年金に加入する人の半分程度が平均寿命前に死亡するのを〝前提〟としているわけである。

これはきわめて簡単な原理で、資本主義国はたいていは採用しているのだが、社会主義国はしていない。それどころか、加入者に多めに施したり、平均年齢より早く死亡したところには遺族年金を支給するとか、わけのわからない大盤振る舞いをする。そんなことをするから、たいていは破綻する。社会保障を「施しもの」と理解し、運営しがちな社会主義国の末路がこれである。

「施しもの」などではなく、早く死んだ人の犠牲の上で成り立つという非常に割り切った制度にすれば、破綻しない。社会主義国のトップにはこの原理が理解できないから、社会保障制度を台無しにしてしまうのであろう。うまく回っているうちはいいけれど、回らなくなるとただちに潰れる。

半分が早死にして、その人たちが払った保険料を、長生きした人たちに回せば、保険はまず破綻しない。これが日本の保険の原理である。

ところが近年、日本人が長生きするようになってきた。だから、年金保険を支払っている日本人が半分死ぬまで待たないと年金が十分にもらえない恐れが出てきた。これが年金受給開始年齢の引き上げの理由だ。つまり、半分が死ぬのを待つためにそうしたわけである。

平均的には日本人は90歳で死ぬから、20歳から70歳まで年金保険を払って、75歳から90歳まで年金をもらう。75歳以下で亡くなった人はただ年金保険料を払っただけでおしまい。とにかく平均年齢が伸びてきた。だから、年金受給開始年齢を75歳に延ばさなければ〝辻褄《つじつま》〟が合わない。ただそれだけの理由である。

この原理は簡単かつ冷酷なのだけれど、長持ちしてきたわけでもある。もし日本政府が、国民は大変だからと受給額を増やしたり、受給年齢を早めたりするならば、早晩破綻するにちがいない。

第8章

日本経済に浮上の目はあるのか?

一度しかバブルを経験していない日本は異常

石平　最後に日本はこれからどうすべきか？

本章のタイトルでもある日本経済に浮上の目はあるのか？　について議論したい。私が日本へ来たのはちょうどバブルの最後の頃の1989年であった。それからずっと日本はデフレ不況で、そのなかでさまざまな問題が起きて、経済成長率もいっこうに上がらない。そこに中国はじめ、アジアの国々が台頭してきた。日本といえば先端技術、製造業のたしかなモノづくりの国であった。しかし、果たしていまの日本の製造業、先端技術産業は世界をリードしているのか。必ずしもそうではない部分もある。

日本は再生できるのかという言葉の良し悪しは別として、私が来た当時の日本の存在感をどう取り戻せばいいのか？

高橋さんは官僚としてそれこそ日本の高度成長を目の当たりにしてきた、いや、その舵取りに参画してこられた1人だから、そこをまずお聞きしたい。

髙橋　平成という字は「タイラ」に「ナル」で、平成時代の経済は〝字面〟どおりに冴えないものになってしまった。それぞれの国の経済成長を決めているのは、たいていは政策に収斂《しゅうれん》する。政策をうまく打てば必ず経済が展開するのかといえば、そこまでは確実ではない。とはいえ、出来の悪い政策を打つならば、それは間違いなく経済を低迷させることだけは明白である。

それでは出来の悪い政策とは何か？　私は大蔵省にいたときから思っていたのだが、1986年12月から1991年2月までの51カ月間を「バブル経済」と〝ネガティブ〟に位置付けたのが大間違いであったのだ。当時、日本のなかでは、世界で日本だけがバブルであったように捉えている人が大半であった。

私は1998年から2001年までアメリカのプリンストン大学に籍を置いた。そこで設けられたIMFの国際研究プロジェクトに参加した。テーマは「世界中のバブルについて」であった。

私自身、そのときまでは日本経済しか見ておらず、世界にも多くのバブルがあったのだと、少し驚かされた記憶がある。その研究プロジェクトに集まってきた各国の研究者が一堂に会すると、「うちの国のバブルのほうがすごかった」となんとバブル自慢大会になってしまった。

1980年以降だけを調べてみると、約100カ国のなかで百数十回のバブルが発生していたことがわかった。ということは、バブルは世界のどこでも起きていたのだ。

私が日本のバブルについて「どうだ、すごいだろう」という感じで説明したとき、他国の研究者たちから軽くあしらわれた。「ふつうだね、ありきたりだ。それよりも日本では1990年代以降、バブルが起きていない。異常ではないか」という反応であった。そのとき、私はある意味でカルチャーショックを受けた。

そのときにある人が私にこう言ってきた。

「日本のバブルはたいしたことはないのだけれど、そのあとがひどかった」

要するに、バブルは自然発生的に起きるものだが、問題はバブルが破裂したあとの対処だというわけである。他国ではバブルが破裂したあとにきちんとした対処を行ったので、再びバブルが起こることもたびたびあった。

日本においては「バブルは非常に悪いもので、倫理的にも駄目。二度とバブルを起こしてはならない」という空気が蔓延し、徹底的に金融引き締めを行ってバブルを潰した。潰しすぎて、その後、経済成長の芽を摘んでしまった。

石平　そうか。他国ではバブルが潰れても、経済成長を遂げ、起こるべくしてまたバブルが発生する。

髙橋　バブルが潰れた後の対処こそが重要なのであって、二度とバブルを起こさないように、ものすごい冷水をぶっかけると、そのあとには何も起こらない。それよりはほどほどのところで金融引き締めを緩めるべきなのだ。またバブルが起きたときに対処すればいいわけである。そういうふうに、アメリカでは言われた。

日本ではバブルを潰したあとがひどかった。それはデータではっきりしている。１９８０年代における日本のマネーサプライの伸びを見ると、世界の先進国の標準だった。標準だから、普通の先進国同様、バブルが起こったともいえる。

だが、バブル後の日本のマネーサプライはほとんど伸びなくなった。金融引き締め策で日本の景気を冷やし過ぎてしまったのだ。その後の日本は二度目のバブルは起きなかったし、経済成長もまったくしていない。

石平　その判断の間違いをしたのは政治家なのか、官僚なのか？

髙橋　両方だ。マスコミも後押しした。もう二度とバブルを起こしてはいけないという論調に終始した。日本みたいにバブル後に経済活動を萎縮させ、デフレを促進するような政策を打つ国は本当に珍しい。
他の国の政策はちがう。ひどいバブルは自然に起こるものなのだと認識しているからだ。日本はバブルが起こった後に、「角を矯《た》めて牛を殺す」ようなことだけはしてはならなかった。

嘘ばかり書かれてある城山三郎の経済小説

石平　私も多少は日本に来てから本を読んでいる。日本の高度成長期には大蔵官僚、通産官僚がすごく賢くて、産業政策をうまく進めた結果、高度成長を実現させたようなことが書いてあった。それがバブル時代を経て、日本の官僚の能力が落ちてしまったという事実はあるのか？

高橋　高度経済成長を誰が指導したかについて、マスコミは「官僚」という認識に染まっているが、それは決定的な誤りだ。
かつて城山三郎という作家がいて『官僚たちの夏』という小説を書いた。ファンも多いだろう。ところが、城山三郎の経済小説はこの『官僚たちの夏』をはじめ、全部間違いなのだ。はっきり言えば、城山三郎は嘘ばかり書いていた。

石平　私も『官僚たちの夏』を読んで感銘を受けた1人である。

高橋　私などは『官僚たちの夏』を読んですぐに嘘だと見破った。ほかにも『男子の本懐』という作品があって、主人公は昭和恐慌のときに東京駅で刺客に殺された浜口雄幸《おさち》首相。当時彼は「金解禁」を行って、金本位制を死守した。浜口雄幸は命懸けで金本位制を貫いた男だと城山三郎は讃えた。

私がプリンストンに在籍していたとき、担任のバーナンキ（のちのFRB議長）は、丹念に昭和恐慌の研究をしていた。あるときバーナンキから「ヨウイチ、浜口雄幸の金本位制死守についてどう思うか？」と聞かれた。私は「金本位制解禁、つまり金本位制への復帰には甚だ疑問だ」と答えたら、「あなたは正しい」と彼は肯いて続けた。「浜口雄幸は明らかに間違っていた」と。

その間違った浜口雄幸を〝美化〟したのが城山三郎なのだった。城山は間違った人を美化する作風の持ち主なのである。

多くの読者は事実を知らないから、城山が美化したことで、浜口雄幸は正しいことをしたのだと理解した。実際には浜口雄幸はまったくの間違いを犯した一方、金解禁をしなかった髙橋是清は正しい政策を打った。それが世界の経済学の〝常識〟として敷衍《ふえん》されているわけである。

残念ながら、そのことを日本人の多くは知らない。『官僚たちの夏』もまったく一緒で、官僚が主導して日本経済が成長を遂げたという話はまったくの嘘だ。官僚が主導したわけではなかった。それどころか、何も主導しなかった。

民間主導そのものだった。官僚は、本当は民間が行ったのに後付けで、自分たちが主導したと嘘をついただけである。「おれたちの成果だ」と。

これについても、経済学の世界では証明されている。したがって、官僚は何もしなかった。間違いばかりをしでかしていた、というのが現在の定説になっている。

当時の通産官僚が具体的に行った政策がいくつかある。たとえば1970年代、日本の自動車産業をこれから育成するためには〝集約化〟を進めなければならない。そう通産省が国内自動車業界に命じた。

それに猛反対したのが当時のホンダだった。気骨あふれるホンダは、こんな通産官僚どもに何がわかるものかと、我が道を歩き始めた。通産省側に抑える力がなかったことが幸いし、ホンダは技術力を武器に世界に羽ばたいていった。

70年代、世界一厳しいと言われたアメリカの自動車排ガス規制「マスキー法」をクリアしたのはホンダ開発のCVCCエンジンであった。通産省の目論見通り、自動車産業を集約化したら、現在のホンダは生まれていなかった。ことほど左様に通産省、通産官僚はしくじり続けてきたわけである。

城山三郎の話に戻ると、いまでも『官僚たちの夏』や『男子の本懐』などの美しい物語がテレビドラマ化されている。それを見るたびに私は「ああ、間違ったことをやったのを美化しているだけだな」という思いにかられる。

高度経済成長の最大の要因は〝円安〟

高橋　なぜ日本は高度経済成長ができたのか？

もちろん民間の努力、気骨もその一因だけれど、これは私の1つの研究成果なのだが、非常に単純な結論に集約される。

為替レートを均衡為替レート（適正水準）よりもはるかに〝円安〟にした。それに尽きるのである。

敗戦後、日本の通貨である円の為替レートは1ドル＝360円と決められていた。自由な為替レートが採用されたならば、1ドル＝150円程度だったのは、その後の研究で証明されている。

1ドル＝360円と1ドル＝150円という2倍以上の乖離《かいり》。この乖離は1980年代までずっと続いた。これをアメリカは見逃し続けてくれていたわけである。もしくは、「為替操作国」と認定されていたらアウトだったのを、見逃し続けてくれていた。

日本は安全保障でアメリカの言いなりになるから、アメリカは為替については文句をつけなかったわけである。

つまり、ずっと日本の輸出産業はゲタを履かせてもらっていたということになる。この状況が潰れたのが、実は1985年の「プラザ合意」だった。だからその後の日本はゲタがなくなってしまい、実力で勝負せざるをえなくなった。

バブル崩壊後の日本は真の実力を問われた。そのときに「羹《あつもの》に懲《こ》りて膾《なます》を吹《ふ》く」で徹底した金融引き締めという大失策を犯した。そのためにまったく経済成長はストップしてしまった。

日本はアメリカにゲタを履かせてもらったのはラッキーだったけれど、バブル以降はゲタを取り払われ、実力で勝負せざるをえなくなったわけである。

石平　高度成長期に民間がすごく頑張って、日本企業も技術開発に成功して、日本製品は「安かろう、悪かろう」の時代から、たとえば自動車の輸出では世界一にまでなった。日本の民間企業は技術的にも世界をリードしたのだと、私は理解している。

髙橋　日本の為替レートが安かったため、日本製品を海外に非常に売りやすかった。ある意味で世界経済が平和な状態で、アメリカが見過ごしてくれたのでラッキーだった。それだけである。

だから日本の後から付いて行った各国は大変だったと思う。これは日本が安全保障において、アメリカにおんぶにだっこであったことが大きかった。なぜなら、アメリカに敵対しなかったからだ。

アメリカも日本を叩くつもりは毛頭なかった。日本を叩けば赤化、共産化する可能性があり、それでは西側の防波堤にならなかった。だから、日本については再軍備をしないならばほどほどにメリットを与えておいたほうが得策だった。つまるところ、アメリカが与えてくれた環境で、そこを日本はうまく使っただけ、ということになる。

したがって、戦後ずっと楽をして、輸出で荒稼ぎして好循環が生まれたため、さまざま

マネタリーベースの伸びの比較

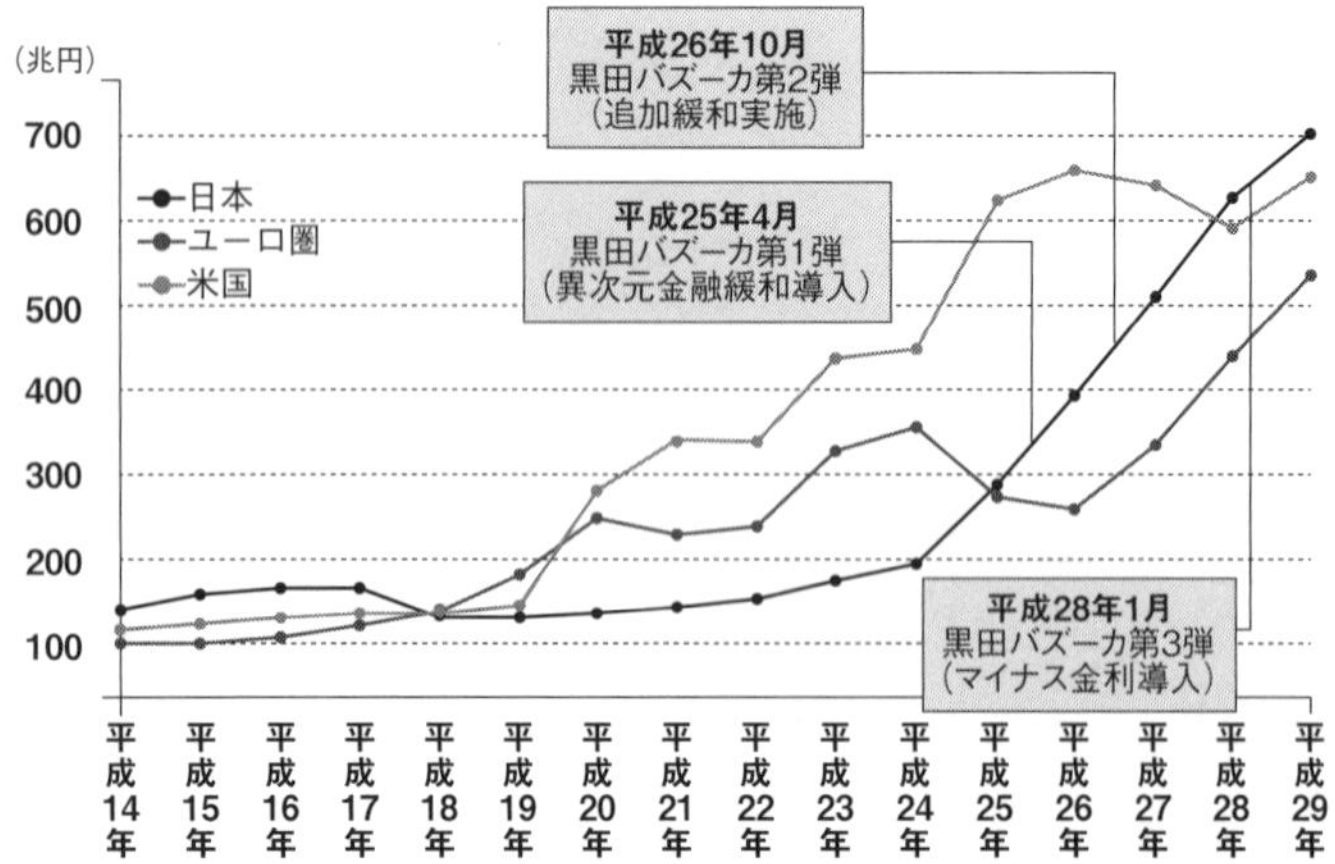

な技術開発もできるようになった。これで80年代後半のバブルのときまではすべて説明がついてしまう。

それ以降はゲタが履けない状態になり、バブル崩壊後の平成時代は「バブルは二度と駄目」という政策を打ち続けてきた。

石平　やはり平成の30年間は経済的には「失われた30年」ということか。

髙橋　昭和の後半、日本のマネーサプライの伸びは世界の中位だったのが、平成の年代にはビリになってしまった。マネーサプライの伸びとGDPの伸びにはパラレルな関係があるのにかかわらず、マネーサプライの伸びを極度に抑えてしまったのが平成の30年間であった。

世界時価総額TOP8、30年の変化

1989年

順位	企業名	時価総額（億ドル）	国名
1	NTT	1,638.6	日本
2	日本興業銀行	715.9	日本
3	住友銀行	695.9	日本
4	富士銀行	670.8	日本
5	第一勧業銀行	660.9	日本
6	IBM	646.5	米国
7	三菱銀行	592.7	日本
8	エクソン	549.2	米国

2018年

順位	企業名	時価総額（億ドル）	国名
1	アップル	9,409.5	米国
2	アマゾン・ドット・コム	8,800.6	米国
3	アルファベット（グーグル）	8,336.6	米国
4	マイクロソフト	8,158.4	米国
5	フェイスブック	6,092.5	米国
6	バークシャー・ハサウェイ	4,925.0	米国
7	アリババ・グループ・ホールディング	4,795.8	中国
8	テンセント・ホールディングス	4,557.3	中国

石平　それでもやっぱり、いまから見ると、日本の製造業はある程度の実力と技術力の蓄えがあった。

高橋　この30年間でほとんどそれを使い果たしたわけだ。蓄えがあったから、そこそこやってこられたのだが、さすがに30年間も成長をしないと苦しい。

石平　今の製造業全体の日本の競争力は世界で見るとどの程度なのか？

高橋　あまりないと思う。だから、これから日本は大変な時期を迎えることになるのではないか。

石平　では日本の産業はどうなるのか？

高橋　これから新しい時代になる。それはこれまでの蓄えで生きていけるような時代

ではないから、苦しくなると思う。ただあと20～30年したら、またちがう世界が訪れるだろう。

日本が令和の時代にうまく進むのは難しい。なぜなら、平成をうまく進めなかったからである。だから令和の〝次〟の時代にうまく成長できるのを狙うべきだと思う。

石平 ただし日本経済は安倍政権から金融引き締め政策に別れを告げ、ちょっとずつだが経済を良くしてきたのではないか？

髙橋 全然物足りないと不満を示す人もいるが、私は前の民主党のときよりは改善していると思っている。いまは民主党政権時代よりはマシというレベルではないか。

徐々にではあるが、平成の失われた30年間から脱しつつある。もちろん、100点ではない。前の民主党政権が0点だったのに比べたら、50点、60点は取れているとは思う。

安い労働力という〝麻薬〟

髙橋 私が、中国がイマイチだと思ったのは、国として工業化を完全に遂行しなかったことにある。完全に工業化する前に、日本や欧米のパクリに走ってしまった。日本にはそうした要素はないので、これからは少し難儀だとは思うけれど、20年かそこら経てば復活する可能性はあるのではないか。

石平　では、日本の製造業の復活のカギは何か？

髙橋　カギはやはり民間しかない。今後、民間がいかに技術開発をしたり、設備投資するかにかかっている。正直言って、先にもふれたが、政府が設備投資をするのはまったく意味がない。政府はあまりにも生産能力の乏しい分野にしか設備投資しないからだ。民間にしか期待できないのは世界共通といえる。

石平　髙橋さんは今の日本の民間企業をどう評価しているのか？

髙橋　総じて苦しいと思う。平成の時代にほとんどがうまくいかなかったのだから。今の民間企業の経営者では難しい。次世代の経営者にしか期待はできない。

石平　今の民間企業の経営者の大半は守りの姿勢になっているということか。

髙橋　変に色気を出して中国に進出して儲けよう。そんな話ばかりだった。よくよく考えてみたら、日本のなかにいて頑張ったほうがよかったのではないか。

石平　日本のなかでうまくいかないから、中国へ行くという発想は本末転倒だと思う。

髙橋　中国に安易に走ったのは、中国市場が大きいのと人件費が安い、ただ、それだけだった。人件費が安いという理由で中国に進出するというのは、実に貧弱な発想である。

石平 そういうやりかたでは、日本の産業の高度化と技術革新にはつながらない。人件費が安い国に進出するのはむしろ楽なやりかたなのだ。技術開発をしなくてもいいのだから。

髙橋 中国の安い労働力が使えるとなったときに何が起きたかというと、日本国内の人件費は高すぎるという声が強まり、人件費の削減につながっていった。当然ながら、民間企業の技術開発に対する意欲も萎《しぼ》んでいく。

石平 安い労働力という〝麻薬〟に染まってしまったわけだ。

髙橋 そうした経緯で、結果的に日本の優秀な技術者が海外へと流れて行った。本末転倒の意味はここにある。輸出するときのゲタが履けなくなったからという理由から、日本の経営者たちは「仕方なく中国へ進出」と思ったのだろうが、本来なら、これまで蓄えていたものを〝活かして〟いけばよかったのである。

その結果、コアの日本人技術者を欠いた日本企業は技術継承が難しくなった。

石平 これから中国経済は沈没していく。米中貿易戦争もさらに熾烈《しれつ》化していくなか、日本企業は日本に戻るのがいちばん簡単かつ正解であるような気がする。

髙橋 それが得策だろう。海外生産が必要であればベトナムあたりが適当かもしれないが、ベトナムが社会主義国なのを忘れてはならない。日本企業としてはやはり同じ自由主義圏のなかで動くほうがやりやすい。

石平　海外に出た日本企業が日本に戻ってくるとなると、日本のなかでの労働力不足に直面することになるが。

髙橋　よくよく考えてみると経済学のなかでは、「人が減ることは実は大きな問題ではない。雇用が確保できるし、労働力不足分には機械で対応できる」わけである。経済学では、人口が増えるのは大変だと昔から言われていた。人口が増えたら食ってはいけない。食べるモノがない。人を殺すわけにはいかないのだから。

ただし、人口が少なくなる場合は、経済学でいうと、一人頭《ひとりあたま》の資本が増える、つまり「資本装備率」が高まる。これは本来、人間が楽になるわけで、機械化への投資を増やせば解決できる世界だから、人口減少が問題になることはまずありえない。

オーソドックスな経済学である「人口学」の観点からしても、マルサスが人口が増えたら大変だというのはそのとおりなのだけれど、いままで人口が減って大変だなどと大騒ぎした学者は１人もいなかった。

石平　日本の財界は、日本は人手不足だから外国から大量に労働力を導入すべきだと力説している。

髙橋　本当はそれよりも、機械化のほうが先に行われるべきである。下手に外国人に仕事を頼むよりも機械化のほうが簡単だろうということだ。日本の経営者も、かつては人が減ったら機械を増やすだけで終わらせていた。

それが今はできていないのではないか。外国人を雇うのは想像以上に大変なことなのだ。風習が違う。言葉の壁で指示がなかなか伝わらない。だから、これを先行させるのは得策ではなく、本当は機械に頼るほうが合理的なのだと思う。

たとえば、今、配送のドライバーが足りないと大騒ぎになっている。あんなものは自動運転にすればいいだけの話だ。自動運転化はそうべらぼうに難しくはない。大変なのは街中だけで、高速道路のなかでは実に簡単だ。高速道路のときは自動にして、高速から降りたところから人間が運転すればいいではないか。いまの技術レベルでもそうしたミックスくらいのことはできると思う。

ドローン輸送についてももっと活用すべきではないか。一戸建ての家の屋根にドローン専用ポストを据え付け、上から降ろしてもらえばいい。特に地方であれば、ドローン輸送で事足りる。

都会は大変だけれど、本当の都会は日本ではそう多くはないのだから、今後ドローンはおおいに活躍できるのではないか。

私は世の中の考えかたが間違っていると思う。人手が足りないのなら、なるべく自動に頼るのが〝王道〟なのに、人間に頼るほうがいいとか、わけのわからないことを言っている。

コンビニにしても無人店舗店の入り口で顔認証すればいいわけで、そんなことは大学でもやっている。昔の大学ではいちいち挙手で出席をとっていたけれど、今は学生にタブレットを回すだけだ。

私の授業ではインターネットで学生に講義資料を配って、それを受信した返事を送ってもらう双方向システムで、出席確認を行っている。

人がいないから大変だと不満を述べたり、懸念したりする人に限って、従来のやりかたに固執しているわけで、しょせんそれは妙な言い訳だと私は思っている。ちょっとだけ考えかたを変えればいいだけだ。

日本政府の「クールジャパン」も完全なる後付け

髙橋　その点、日本の中小企業はなかなか理に適《かな》ったことを行っている。いまでは回転寿司のシャリはロボットが握っているのが当たり前である。それでも寿司店の業績には何の支障もない。

産業の自動化やロボット化よりも人間のほうが良いとするのは、すべて〝思い込み〟なのだと思う。

石平　今後の日本の成長を支える有望な産業とはどの分野なのか？

髙橋　よく聞かれるけれど、正直、わからない。これは結果でしかわからなくて、はっきり言って、この分野が、この産業が成長するというのは、誰にもわからない。今の日本にはこれといったものは何もないということだけは確実である。

石平　そういう意味では、国が全体の戦略を策定するより、民間が工夫して結果的に台頭してくるということか。

髙橋　いまは日本のアニメーション産業が有望だと言われている。けれども、日本政府はアニメを指導したことなど一度たりともない。ましてや補助金など一回たりとも出したことはなかった。アニメは勝手に生まれて、勝手にぐんぐん伸びてきただけだ。

悲惨な事件の見舞われた京アニにしても、この会社が世界中に知れ渡っていることを今回、初めて知った日本人はそうとう多かったのではないか。

私の感覚からすると、政府の人間が考えている産業などはからきし駄目で、だいたい政府の目からこぼれている産業のほうが当たる。これが現実だ。

石平　10年、20年前の政府の頭のなかにアニメなど米粒ほどもなかったにちがいない。

髙橋　最近、政府が有望産業に補助金を出したという話をよく聞く。これは昔の通産省と一緒で、あんなものはすべて〝後付け〟にほかならない。

「クールジャパン」などはその典型で、人気が出たら、慌てて補助金を付けているだけのことである。

石平　なるほど、日本の官僚は、民間の努力の結果を自分の〝成果〟にしてしまうわけだ。

髙橋　まあ、そういう嗅覚が鋭くないと、官僚はクビになってしまう。繰り返しになるが、通産省、いまの経産省も昔から産業政策などこれっぽっちもやらなかった。みんな後付けでやってきただけだ。

石平　われわれはみんな騙されてきた。

髙橋　それは先にもふれたとおり、作家の城山三郎が罪つくりなのだ。彼が嘘の美化を施して、そこに日本のマスコミが乗っかった。けれども、マスコミからあんなに褒められたのだから、経産省としては嬉しい。

そういう内容の、要は「日本の産業政策は嘘ばかり」を主題とした学術論文を、かつて私は書いたことがある。調査・分析をもとに、日本の当時の通産省が主導して産業育成した実例は1つもなく、後で発展したものにすべて補助金を付けたものであると結論づけたのだ。

英語で書いた論文だったので、後にけっこう引用された。アメリカ人の学者もけっこう引用していた。実はこれは、私がアメリカの公正取引委員会に出向していたときに書いた論文である。

石平　髙橋さん、そんなものを書いたら、日本中の官僚を敵に回してしまうではないか。

髙橋　実際、敵に回してしまった。けれども、これは学術論文として認められたものだったから、当時の日米の多くの研究者も「日本の産業政策は幻想だった」と書き募った。そういう意味では1980年代以降、それまでの日本の〝嘘〟がバレてきたわけである。

それでもまだ相変わらず、城山三郎のテレビドラマはせっせとつくられている。なぜなら、それを見て、視聴者が感動するからだ。したがって、多くの人は通産省、経産省の情けなさに気付かない。

これから先の有望なビジネスを官僚が予測することができる。これは絶対にあり得ない話なのである。

石平　そうか。極端に言えば、企業家自身も別にこれが新たなトレンドになるとわかったうえでやったわけではない。さまざまな試みとしてやったなかで、そのうちの１つが当たった。

髙橋　そう、誰かの結果が当たっただけだ。なぜなら、事前にそんなことがわかるわけがないのだから。官僚という生き物は、それがもっともわからず、自信がないから官僚になっている。わかっていたら、自分でそのビジネスを始めるに決まっているではないか。

石平　そうか。10年後にこのビジネスが儲かるとわかれば、官僚なんか辞めるに決まっているわけだ。

正解は経産省が行うことの逆張り

高橋　これまで官僚を辞めて、自力でビジネスに転じた人を私はあまり知らない。ただ、通産官僚だった村上世彰《よしあき》氏は唯一の例外かもしれない。だから、官僚を若くして辞してしまった。

かつてマスコミが、「官僚は日本国株式会社の社長である」と讃えていたけれど、それはまったくの嘘にほかならない。だいたい官僚で天下りした人でビジネスができる人などお目にかかったことがない。

はっきり言うと、日本の経済界もその〝現実〟を熟知している。たとえば一流企業は官僚の天下りを受けているが、元官僚を絶対に経営に〝無関係〟の部署に就かせている。天下り官僚が経営に携わったら大変なことになることぐらいはわかっているからだ。

官僚からビジネス界に転じた人は、みな「はじパイ」といって、たいしたポストに就いていない。天下りを受け入れるのは、間違いなく、いざというときに政府に話をつなぐ〝保険〟でしかないわけだ。だから、経営にさわらせるはずがない。

それをもって、企業経営などできるわけがない輩が官僚になっているのが証明できる。そんな官僚が日本国の経済戦略を練られるはずがない。

私が知っている経産省の官僚に「ビジョン」を語る人間が何人かいる。私の答えは簡単だ。「この産業は伸びるのか？」と彼に聞くと、この産業の何年後の総生産高はうんぬんと言う。「この産業は今後どれくらいの雇用を創出するのか？」と聞くと、何年後には何十万人は雇用できると答える。この2つの絵空事を言わせるだけで、この産業の平均賃金はおおよそ算出できるので、ざっと計算すると平均賃金は3、4000万円にもなってしまう。

私は彼に尋ねる。

「あなたの年収、まだ1000万円に届いていないよな」

「はい」

「なんで官僚なんか辞めて、この産業に行かないんだよ。おかしいじゃないか」

彼は黙ってしまう。官僚なんてそんなもので、絵空事を並べるばかりである。ただそれだけでは通用しないから、どこか伸びた産業、あるいは伸びかけた、伸びそうな産業が見えるとお金を出すわけである。先述したように、アニメなどはその典型だ。

ちょっと伸びそうだなと思ったので「クールジャパン」で取り上げて、補助金を出したにすぎない。本当に小ずるいやりかたである。官僚が日本経済を主導したなどとんでもない話である。

したがって、1990年代後半から伸びた中国ビジネスについても、官僚主導はあり得ない。それは道理というものであろう。しょせんはビジネスをやったことがない連中なのだから。

石平　そうか、官僚が打った政策が正しいのならば、中国など毛沢東時代から大発展していたはずだった。

髙橋　だから、中国の習近平主席が掲げている「中国製造2025」を聞くと、大笑いするしかない。

そんなにわかっているのだったら、早くやっておけよと言いたい。ああしたアドバルーンを信じる日本のマスコミもどうかしている。絶対に信じては駄目だ。

私自身、経産省がやってきたことをすべてこの目で見てきているからだ。およそ当たったためしがない。百発一中すらない。むしろ逆張りしたほうが正解である。こいつらのやっていることは必ず外れるから、その逆の分野に向かったほうがいい。これを逆インディケーターと言う。

官僚とはそういうものであり、〝世界共通〟である。その産業、その分野がちょっと伸びかけているのはわかるかもしれないけれど、これから創る、いまはゼロだけれど将来発展するものを見出す「目利き力」は皆無である。

石平　そうなると日本の高度成長とは結局、民間企業の努力と工夫の賜物ということに収斂するわけだ。

髙橋　さっきも述べたけれど、ホンダは経産省の指導に逆らったから、必死になって頑張ったのだ。結果、すごいメーカーになって、いまではビジネスジェット機を製造するまでに至った。

クロネコヤマトのヤマト運輸もそうだ。運輸省の指導に無茶苦茶逆らった会社だからこそ、業界で日本一にまで駆け上がった。官僚から叩かれ、苛められまくった。やはり、反骨の会社のほうが伸びる。

自分のポリシーをかたくなに貫く会社がすべて成功するとは言わないが、官僚の言うことを唯々諾々と聞いている会社より、成功する可能性は間違いなく高い。

日本の国営企業もみんな官僚の言いなりだったから、どれ１つとってもまともではない。

私は国営企業の民営化をいくつも手掛けてきたからそれがよくわかる。

政治的自由と経済的自由はパラレルという原理

石平　問題はこれから日本の民間企業が以前のような意欲、モチベーションを持って進めるかどうかにかかってくる。

高橋　現状はちょっと難しい気がする。これから中国、東アジアがガタガタになってくるようであれば、日本企業にチャンスが到来すると思う。要するに、中国や韓国が大きく伸びてきたらチャンスは少ないけれど、伸びなければけっこう早く転機が訪れるのではないか。

石平　日本の戦後復興のときには、アジア周辺の環境が寄与した。日本の産業基盤は戦争でズタズタになってしまい、中華民国にも劣っていた。日本にとり幸いだったのは、その中華民国が内戦に明け暮れ、やがて中華人民共和国に代わった。そこで毛沢東が滅茶苦茶な政治体制を敷いたために、日本に経済成長するチャンスが巡ってきたともいえた。そういう意味では、毛沢東サマサマである。

髙橋　もしも中国が共産党支配でなくノーマルな資本主義国家になっていたら、日本のチャンスは本当に少なかっただろう。

石平　たとえば上海は１９３０年代には「東洋の金融センター」の役目を果たしていた。その上海が50年代、60年代から市場経済を運営していたら、日本はなかなか大変な状況に追い込まれていたかもしれない。

髙橋　そう思う。だから日本は戦後、アジアのなかでけっこう楽をしてきた。要するに、中国が眠っていたわけだから。眠っていたどころか、〝逆噴射〟して共産主義になってくれたから、日本は中国を視野に入れずに済んだ。

石平　いま日本にはそのチャンスが再びめぐってきたのではないか。鄧小平の路線がずっと続いていれば、日本にチャンスは来なかったはず。けれども、幸いにも習近平が毛沢東路線に戻してくれた。今度は習近平サマサマである。

髙橋　習近平が共産主義を徹底してくれるのは、日本としては絶好のチャンスだろう。米中貿易戦争においては、中国に出て行った日本企業は日本に戻らなければならないので大変は大変だ。けれども、中国がガタガタになってきたら、今度は日本企業にチャンスがやってくる。

こんなものはしょせんは相対的なもので、中国と韓国が苦しくなれば、日本にとっての出番となる。

石平　日本の政財界はこのチャンスをつかむべきで、中国と共倒れになってはならない。

髙橋　最近はだんだんとそれがわかってきたのではないか。ただし、今でも日本経済新聞などは〝中国ベッタリ〟の報道のままである。１９９０年代後半以降、日本企業の中国進出ブームを煽ったのは間違いなく日経新聞だった。

私自身は日経新聞の論調にはどうにも賛成しかねるので、日経新聞を読むとバカになるという内容の『日経新聞と財務省はアホだらけ』なる本まで出している。ちなみにこの本は、元日経新聞香港支局長の田村秀男さんとの共著である。

韓国をホワイト国から外したときにも日経新聞は日本政府を批判したけれど、まったくトンチンカンな論調で驚いた。

中国については私の理論に基づくと、石さんのように10年以内に崩壊するかどうかはわからないけれど、今後30年はまず持ちこたえられない。だから、企業の方針を10年スパンで考えるならば、やはり日本企業には多くのチャンスが与えられるはずだ。

石平　もしいまの中国の指導者が習近平でなく、鄧小平路線を継承し穏便な政策を展開すれば30年持ちこたえるかもしれない。けれども、中国の寿命を習近平が縮めてくれた。

髙橋　再び、ソ連崩壊のような社会主義体制の終焉が見られる確率はそうとう高いのではないか。

なぜなら、ソ連に起こったことが中国に起こらないはずはないからだ。ちょっとした時間のズレはある。だが、それは人間の社会から眺めればズレかもしれないが、大きな流れからすれば同じに見える。たまたまそのときの針の突き具合と破裂の具合がちょっとちがったただけのことでしかない。

社会主義国は大国にはなれない。これは私の持論で、社会主義の根本原理に〝自由〟がないからである。自由がない国には経済発展がない。だから政治的自由がない国には経済的自由がないから、最後には潰れてしまう。結局は破綻してしまう。

石平　それは長期的には絶対に正しい。いっとき鄧小平が逆のことをやって、成功したように映った。鄧小平理論、鄧小平モデルは政治的自由がなくても、高度経済成長を実現したかのように見えた。

けれども、あれは一時的な経済的な成功であって、長期スパンからすれば本当の意味での政治的自由がなければ、成功はおぼつかない。

髙橋　政治的自由と経済的自由は絶対にパラレルでなければならない。これは前にも述べたようにフリードマンが語っているのだが、正論である。いままでの歴史を鑑《かんが》みても、このパラレルの原則は絶対であった。例外は唯一中国であったとはいうものの、明確に限界に近づいている。

石平　歴史上、もっとも寿命の長かった共産党政権は旧ソ連の73年間（1917～1989年）だったが、中国もこの10月で満70年を迎えた。

髙橋　だから中国もそろそろ危なくなりつつある。よく巷間、「中国破綻論は敗れ去った」と声高に言う人がいるのだが、長い目で見ればその人の目は曇っているとしか言いようがない、ということになる。社会科学理論を照らし合わせてみれば、長い目で見れば中国の破綻は必ず起こる。

消費増税で取った分は全部吐き出す覚悟の安倍首相

石平　この10月から消費増税が予定どおり実施となったが、ここでは日本の税制や財政について論じてみたい。

髙橋　だいたい日本の財政は悪くないのに消費税を上げるのは、私には理解不能だ。これについては安倍首相にも進言してきたから、日本の財政が悪くはないことは安倍さんも認識している。

それでも安倍さんは「政治的にやらざるをえない」と言っており、これはもうどうしようもない。石さんもご存知のとおり、消費税増税は麻生財務大臣がやりたがっているからにほかならない。

けれども安倍首相は、経済的には消費増税はまずいのではないかとも認識しているから、先の参議院選に勝ったあと、「景気対策は何でもやる」と公言してしまった。これはどういう意味かといえば、消費税を取る分をすべて吐き出しますと言っているのと同じだ。

思わず私は安倍首相に「吐き出すのであれば、取らなければいいのでは」と言ってしまった。繰り返しになるけれど、取るのは政治的に仕方がないけれど、経済的に悪化するのであれば、取った分は全部吐き出す覚悟はできているというわけである。

石平　財務省はどうしてああまで消費税増税にこだわっているのか？

髙橋　あれは官僚の〝職業病〟みたいなものとしか言いようがない。それと、安倍さんの盟友の麻生さんの顔を政治的に立てた。しかし、経済政策としてはまずいから、全部吐き

消費税の歴史

首相	年月	状況
大平正芳	昭和54(1979)年1月	財政再建のため「一般消費税」の導入を閣議決定。同年9月、総選挙活動中に国民の反発の強さから導入断念を表明。選挙結果は自民党の1議席減
中曽根康弘	昭和62(1987)年2月	「売上税法案」を国会に提出。中曽根首相は、前年に「大型間接税導入はしない」と言っていたため国民的な反対にあい、4月の統一地方選で自民党は敗北。5月廃案
竹下登	昭和63(1988)年12月	自民党の賛成多数で消費税法案成立
	平成元(1989)年4月	税率3%の消費税スタート。6月、消費税導入やリクルート事件の責任で竹下首相辞任
細川護煕	平成6(1994)年2月	消費税廃止と税率7%の「国民福祉税」を導入する構想を突如発表。国民はもとより政権内部からも反発が激しく、数日後に撤回。4月、細川首相辞任
村山富市	平成6(1994)年11月	「減税3年先行、消費税率5%に引き上げ(うち1%は地方消費税)」とする税制改革関連法が成立
橋本龍太郎	平成9(1997)年4月	消費税率を5%に引き上げ
鳩山由紀夫	平成21(2009)年9月	当初は「4年間消費増税取りやめ」を主張するも、結局それをマニフェストに入れなかった民主党が総選挙で勝利し、政権交代を実現
菅直人	平成22(2010)年6月	参院選前の記者会見で「自民党案を参考にした消費税10%」を発表。7月の選挙で惨敗
野田佳彦	平成24(2012)年6月	消費税率を平成26(2014)年に8%、その翌年に10%に引き上げる「社会保障と税の一体改革法案」が衆院で可決。7月に小沢一郎元民主党代表が離党。8月、参院本会議で可決成立。12月の総選挙で民主党が敗れ、自民党が政権を奪回
安倍晋三	平成26(2014)年4月	消費税率を8%に引き上げ
	平成26(2014)年11月	平成27(2015)年10月に予定されていた税率10%への引き上げを平成29(2017)年4月まで延期
	平成28(2016)年6月	平成29年4月予定の消費税率10%への引き上げを2019年10月まで2年半延期
	令和元年(2019)年10月	消費税率を10%に引き上げ

各国の資産、債務がGDPに占める割合

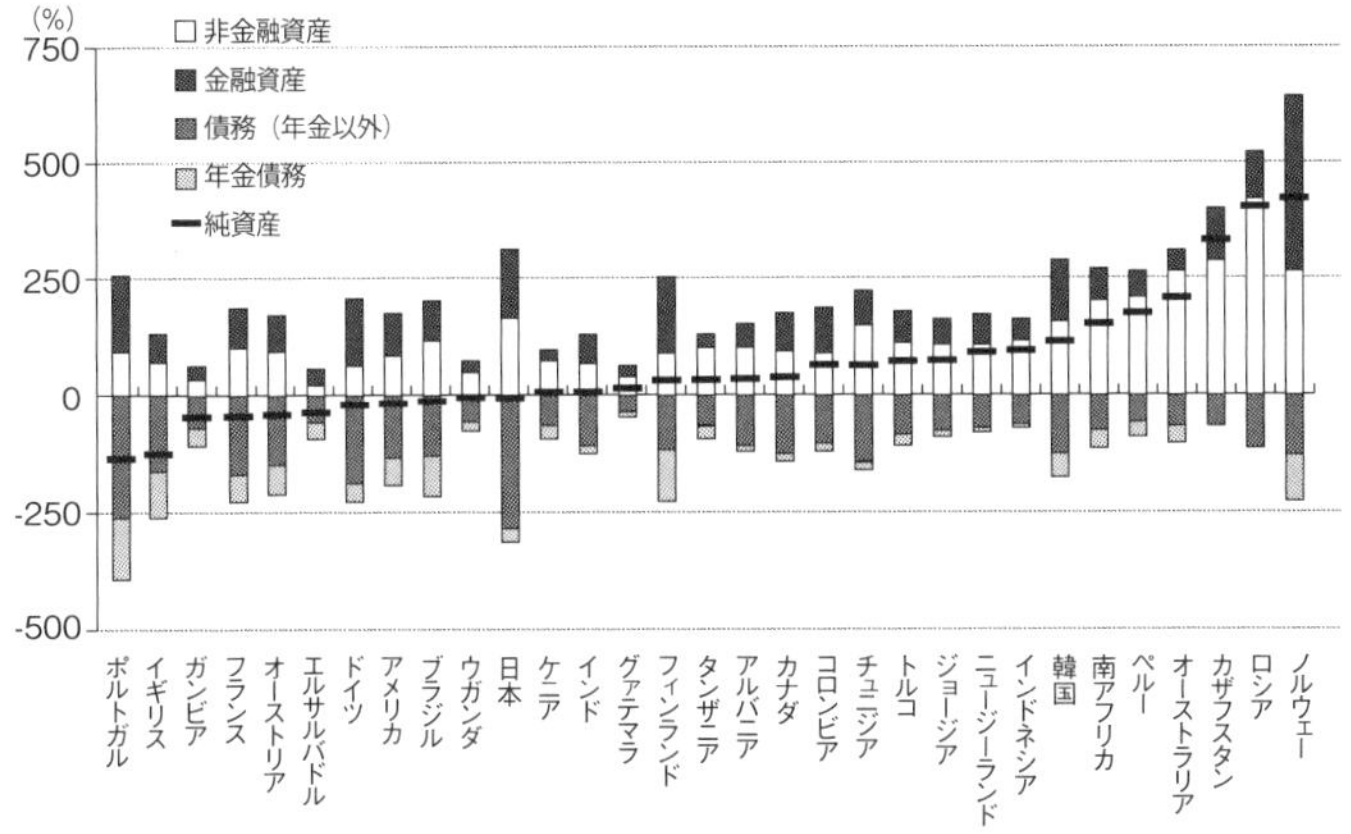

出所：IMF

出すこととなったのだ。まあ、しょせん官僚なんて、わけのわからないことばかりを言う、合理性に欠ける連中ばかりの烏合の衆だ。

石平　たしかに消費税増税に関しては合理性がない。

高橋　日本の財政が危ないのがその前提になっているのだけれど、まずそれが間違っている。その前提を崩したのがこの私だった。財務省は日本が1000兆円の借金を抱えていて財政が破綻するので、財政再建のためには消費増税もやむなし。これが財務省の大前提なのだが、こんなものは嘘八百もいいところである。

　財政は資産と負債が載ったバランスシートで見るもので、その差額である純資産で判断

すべきものだ。

純資産で見ると、日本の財政はバランスがとれておりしごく〝健全〟である。日本の財政が破綻状態ではないことは、日本以外のエコノミスト、金融専門家、市場関係者はみな認識している。IMFも太鼓判を押しているし、国債の信用度を示すCDSレートにおいては破綻する危険度の低さはカナダに次ぎ世界第2位だ。

だいたい、なぜ世界的な金融リスクが高まると円が買われ、円高になるのか考えてみればいい。先般、アメリカが対中制裁関税「第4弾」を発表したり、リセッションのサインと言われるアメリカの長期金利が短期金利よりも安くなる「逆イールド」となった際、急激な円高が起こった。

もし日本が財政破綻の可能性が高い国であったら、こんなときに円を買う人はいないはずではないか。財務省からは私の指摘にぐうの音も出なかった。

通常は前提が崩れたら、ロジックとしては成り立たない。ところが、まだ平気な顔で消費増税は正しいと〝強弁〟しているのには呆れるしかない。

これについては、私と財務省の専門家を呼んで「公開討論」をしようという案が出てきた。財務省の制度に「出張講座」というものがあり、税制などのテーマを話し合うために

10人以上の参加者がある場合、財務省の人間が来てくれて説明を施すというものがある。時期には制約はなく、いつでもいいとホームページには謳われている。

それを使って申し入れたら、財務省側は「髙橋洋一が裏にいる」ことを感じ取ったらしく、「多忙につき対応できません」と断わりを入れてきた。いつでもいいと謳われているにもかかわらず、多忙を理由に〝逃げた〟のである。これは制度だから、正式に申し入れた場合には、財務省側には説明をしに来る義務が発生するのだが、もう無茶苦茶である。

財務省はいままでマスコミをたらしこみ、嘘をつき続けてきたわけだが、当然ながら、マスコミには財務省の息のかかった人間がたくさんいる。今回の消費税増税には軽減税率が導入されることから、マスコミのなかでもとりわけ新聞社は税金をおまけしてもらえるから財務省には平身低頭、悪口など言えるはずがない。

朝日新聞などにも財務省のポチの人間はたくさんいるのだけれど、一度こんなことがあった。ＢＳ朝日の討論番組のメインキャスター・田原総一朗氏はおそらく私と朝日新聞との確執を知らなかったのだろう、私と朝日新聞の人間を呼んでしまったのだ。

実際、テレビの本番の議論で、財務省の立場をとった朝日新聞の人を私が完全に論破したため、彼は黙りこくってしまった。財務省はそれを見ているから、私から逃げているのだと思う。

〝やせ我慢〟せず財務省と手打ちした大新聞

髙橋　消費増税後は先に述べたとおり、景気を悪化させないよう政府は秋の補正予算で景気対策を大きく打つ。

この秋は米中貿易戦争も大変だし、いくら日本が漁夫の利を得るといったって、中国に進出している日本企業もいるわけだし、自業自得とはいえ、中国向けのビジネスをしている人は大変である。

10月末にはイギリスのブレグジットだってある。ボリス・ジョンソン首相だからまずハードブレグジットになるから、これも大変だ。さらにホルムズ海峡の件もある。これも一触即発で、大変な事態を招くかもしれない。日韓関係もある。

だから日本は4つの大きなリスクを抱えているわけで、こんなときに本来ならば消費増税など駄目、もってのほかとしか言いようがない。

こんなにリスクが重なっていると私が安倍さんに説明すると、「じゃあ対策する、消費税増税分を全部吐き出す」という形で対応することになった。

石平　吐き出すくらいなら取るなよ、と言いたい。

高橋　取らないのがベストだが、けれども取ってしまえば、吐き出すしかない。そういう考え方だ。そういう意味では、日本の税制は〝出鱈目〟をやっているわけである。

中国にも消費税があるのだが、消費税の対応に関しては中国のほうがまともである。今年は消費税（増値税）の減税を行っている。たしか16%だったのを13%に引き下げている。

やはり、米中貿易戦争で経済が弱っている中国は焦っているのだと思う。中国政府も馬鹿ではない。景気後退するから消費税の減税に踏み切ったわけで、日本の財務省よりも中国のほうがまともではないか。

いつも感じることなのだが、日本の国民は官僚に対する〝信仰〟が強すぎる。他の国はそうでもない。いちばんの理由は、日本の官僚がマスコミをうまく誑《たら》し込んでいることだ。書籍などではそうした事実を述べることができるが、地上波ではほとんど言えない。言えるのは関西のローカル、ＡＢＣテレビのニュース情報番組「教えて！ＮＥＷＳライブ　正義のミカタ」ぐらいである。

なぜか。地上波を流すテレビ局はすべて新聞社の子会社であるからにほかならない。たとえば日本テレビなどは読売新聞の子会社だが、読売新聞グループの持株会社に財務省の元事務次官の人間が〝天下って〟いるわけである。日本テレビからすると、親会社の役員に財務省の天下りが就いている感じなのだ。

だから、読売グループの媒体では新聞の軽減税率の話など絶対に言及しない。食料品や持ち帰りについてはあれこれ伝えているが、新聞については口を噤《つぐ》んでいる。

石平　あれはどう考えても新聞社と財務省の取引にしか見えない。

髙橋　そのとおりだ。新聞の口封じ、黙らすためにそうしたのだから。

石平　最低限の生活必需品について軽減税率を採用するのが建前だ。米、味噌、醤油、そして新聞。変なギャップがある。新聞は生活必需品に入るのか？

髙橋　そうではない。私などは新聞の定期購読をやめてから30年くらい経っている。私は新聞についても、言論界なのだから権力に媚びず、消費増税を〝やせ我慢〟してみろと言ったのだが、背に腹は代えられず財務省と手打ちをしてしまったわけである。

完全に財務省の〝人質〟になっている麻生財務相

石平　たとえば10％に上げた消費税を半年後に8％に戻すことはできないのか？

髙橋　すでに組み込んでしまった膨大なシステム変更がともなうので無理。無理だし、そんなことをしたら世の中が大混乱に陥るだろうから、そんな専制政治を行うとかえって政権が危うくなる。だから仕方がないので、何度も言ってきたように補正予算を通して、消費税増税分を吐き出すことしかできない。

石平　麻生さんも財務相だからこそ、あそこまで主張するのか。

髙橋　おそらく麻生さんは財務省に何らかの弱みを握られている。本来であれば、このところ財務省は文書の改竄と事務次官がセクハラで辞任に追い込まれたという不祥事を連発しているのだから、ふつうならば麻生さんはクビになっているはずだ。

それでも麻生さんは財務省を守っている形になっている。安倍さんが麻生さんのクビを取れなかったという方程式からすると、麻生さんは絶対にクビを取られない。そこに落ち着く。

それを財務省も熟知しているから、麻生さんを通して「消費増税を絶対にやる」と安倍さんに言わせているのだと思う。つまり、麻生さんは完全に財務省の〝人質〟になっているわけである。財務省に絡めとられている。

逆に言うと、麻生さんにはもはや総理の目はない、ということになる。だから、麻生さんに恥をかかせないように安倍さんは扱っている。

石平　じゃあ、来年あたりに花道を用意しているということか。

髙橋　麻生さんは決して人は悪くないのだけれど、政策面でちょっと〝難〟がある。郵政民営化のときも大反対して、私はひどく恨まれていた。麻生さんからすると、民営化を進めた私は憎き男らしい。

当時の国会の総務委員会で、「財務省の髙橋洋一はけしからん」と発言していた。私が郵政民営化の黒幕と勘違いしていたらしい。あれは小泉元総理が言ったのをそのまま法律にしただけのことである。

政府は消費増税分を何年間吐き出せるのか？

髙橋　消費税に関する最後のウルトラCとして考えられるのは、全品目を軽減税率にしてしまうことだろう。実現は無理だろうが。

ここで言っておきたいのは、消費増税分を吐き出すのは一度では効果がないということだ。何年間吐き出せるかが勝負となる。

最低でも2年は吐き出さないと、増税ショックに耐え切れないだろうと、私は見ている。1年こっきりであれば苦しい。だから、最低でも東京五輪が終わった後くらいまでは吐き出さなければいけない。

石平　東京五輪後の日本経済についてはどう予測しているのか？

髙橋　国際情勢のリスクと消費増税のリスクを考えると、安泰とはいかないだろう。東京五輪後をどう凌《しの》ぐかを安倍政権は必死で模索しているのだろう。

その頃には中国ビジネスをしている日本企業はへとへとになっているだろうし、習近平国家主席だって大変だろう。

あとがき

「習近平思想」理解度テストに見る中国の哀れ

9月24日の東京新聞によると、この10月から中国政府は、北京で働く官製メディアの記者や編集者1万人を対象に、習近平国家主席の思想やマルクス主義に対する理解度を測るテストを実施するという。

対象となるメディアは新聞やテレビ、通信社、雑誌にとどまらず、ネットメディアなども含まれる。

テスト内容は習近平思想のみならず、習の宣伝工作思想、マルクス主義の報道観、報道倫理と法規、取材と編集の業務内容など5分野にわたる。合格ラインは120点満点の80点以上。不合格者は1回だけ追試が受けられる。

つまり、たった2回のテストで合格しなければ、メディア人〝失格〟の烙印を押されてしまうわけである。

将来的には、全国規模で同テストが実施される模様だ。

一足先に中国においては、一般人を対象に個人の信用力をスコア化した「国民全員監視システム構築」の運用を始めているが、メディアの世界でも点数制の恐怖政治が敷かれることになった。

これで中国のあらゆるメディアは習近平に忠誠を尽くすことになったわけで、「毛沢東時代」の報道と同等となったことを宣言したに等しい。


さて、今回の対談者の髙橋洋一さんとは、たびたび関西のローカル、ABCテレビのニュース情報番組「教えて！ NEWSライブ 正義のミカタ」でご一緒する。会うたびに「いつか対談しよう」と言い合っていたのが、ついに実現したのが本書である。

官僚出身の髙橋さんは、官僚の手口や能力を知悉しており、本対談のなかで官僚が日本の高度経済成長に1ミリも貢献しなかったと喝破している。

髙橋さんの豊富な経験と辛らつな指摘により、私が信じていた「優秀な日本の官僚」のイメージは見事に木っ端みじんに吹き飛んだ。同時に愛読していた城山三郎の本は全否定された。

官僚には将来発展するものを見出す「目利き力」は皆無。すべては民間企業の努力と工夫と熱意に収斂すると、髙橋さんは結論づけて続けた。

通産省（現在の経産省）が主導したとされる政策はおよそ的外れで、百発一中すらないから、むしろ逆張りしたほうが正解だとまで言い募り、官僚とはいつの世もそうした存在であり、〝世界共通〟であると断言した。

こうした髙橋さんの知的刺激あふれる言葉は、ごく自然に私の思考を日本から中国へと導いてくれた。

そうだ、官僚が打った政策が正しいのならば、中国は毛沢東時代から大発展していたはずだった。

けれども、知ってのとおり中国は大躍進政策、文化大革命により、当時9〜10億人いた国民は食うや食わずの超貧困生活を強いられた。

したがって、毛沢東になりたがっている習近平が唱える「中国製造２０２５」も五十歩百歩の結果に終わるのだろう、というのが私と髙橋さんの見立てである。

それが国有企業ばかりを優遇し、民間企業をないがしろにしてきた中国の定めだからだ。
中国の未来は暗くなる一方である。

２０１９年10月

石平

［略歴］

髙橋洋一（たかはし・よういち）

株式会社政策工房代表取締役会長、嘉悦大学教授。1955年、東京都生まれ。都立小石川高等学校（現・都立小石川中等教育学校）を経て、東京大学理学部数学科・経済学部経済学科卒業。博士（政策研究）。1980年に大蔵省（現・財務省）入省。大蔵省理財局資金企画室長、プリンストン大学客員研究員、内閣府参事官（経済財政諮問会議特命室）、内閣参事官（首相官邸）等を歴任。小泉内閣・第一次安倍内閣ではブレーンとして活躍。2008年、『さらば財務省！』（講談社）で第17回山本七平賞受賞。『「日経新聞」には絶対に載らない 日本の大正解』『めった斬り平成経済史 失敗の本質と復活の条件』『「バカ」を一撃で倒すニッポンの大正解』（以上、ビジネス社）、『韓国、ウソの代償』（扶桑社）、『正しい「未来予測」のための武器になる数学アタマのつくり方』（マガジンハウス）、『安倍政権「徹底査定」』（悟空出版）、『財政破綻の嘘を暴く』（平凡社）、『日本の「老後」の正体』（幻冬舎）など著書多数。

石平（せき・へい）

1962年中国四川省成都市生まれ。1980年北京大学哲学部入学。1983年頃毛沢東暴政の再来を防ぐためと、中国民主化運動に情熱を傾ける。同大学卒業後、四川大学哲学部講師を経て、1988年留学のために来日。1989年天安門事件をきっかけに中国と「精神的決別」。1995年神戸大学大学院文化学研究科博士課程修了。民間研究機関に勤務。2002年『なぜ中国人は日本人を憎むのか』を刊行して中国における反日感情の高まりについて先見的な警告を発して以来、日中問題・中国問題を中心に評論活動に入り、執筆、講演・テレビ出演などの言論活動を展開。2007年末日本国籍に帰化。14年『なぜ中国から離れると日本はうまくいくのか』（PHP）で第23回山本七平賞を受賞。著書に『アメリカは絶対許さない！「徹底抗戦」で中国を地獄に導く習近平の罪と罰』『習近平がゾンビ中国経済にトドメを刺す時』『アメリカの本気を見誤り、中国を「地獄」へ導く習近平の狂気』『私たちは中国が世界で一番幸せな国だと思っていた』（以上、ビジネス社）、『「天安門」三十年　中国はどうなる？』（扶桑社）、『なぜ論語は「善」なのに、儒教は「悪」なのか』（PHP）など多数ある。

編集協力：加藤鉱

ざんねんな中国

2019年12月1日　　第1刷発行

著　者　髙橋洋一　石平

発行者　唐津 隆

発行所　株式会社ビジネス社

〒162-0805　東京都新宿区矢来町114番地 神楽坂高橋ビル5F
電話　03(5227)1602　FAX　03(5227)1603
http://www.business-sha.co.jp

〈装幀〉尾形忍（Sparrow Design）〈本文組版〉エムアンドケイ　茂呂田剛
〈印刷・製本〉中央精版印刷株式会社
〈編集担当〉本田朋子〈営業担当〉山口健志

ISBN978-4-8284-2148-3

ビジネス社・髙橋洋一の本

「バカ」を一撃で倒すニッポンの大正解

髙橋洋一……著

定価 本体1400円＋税

ISBN978-4-8284-2116-2

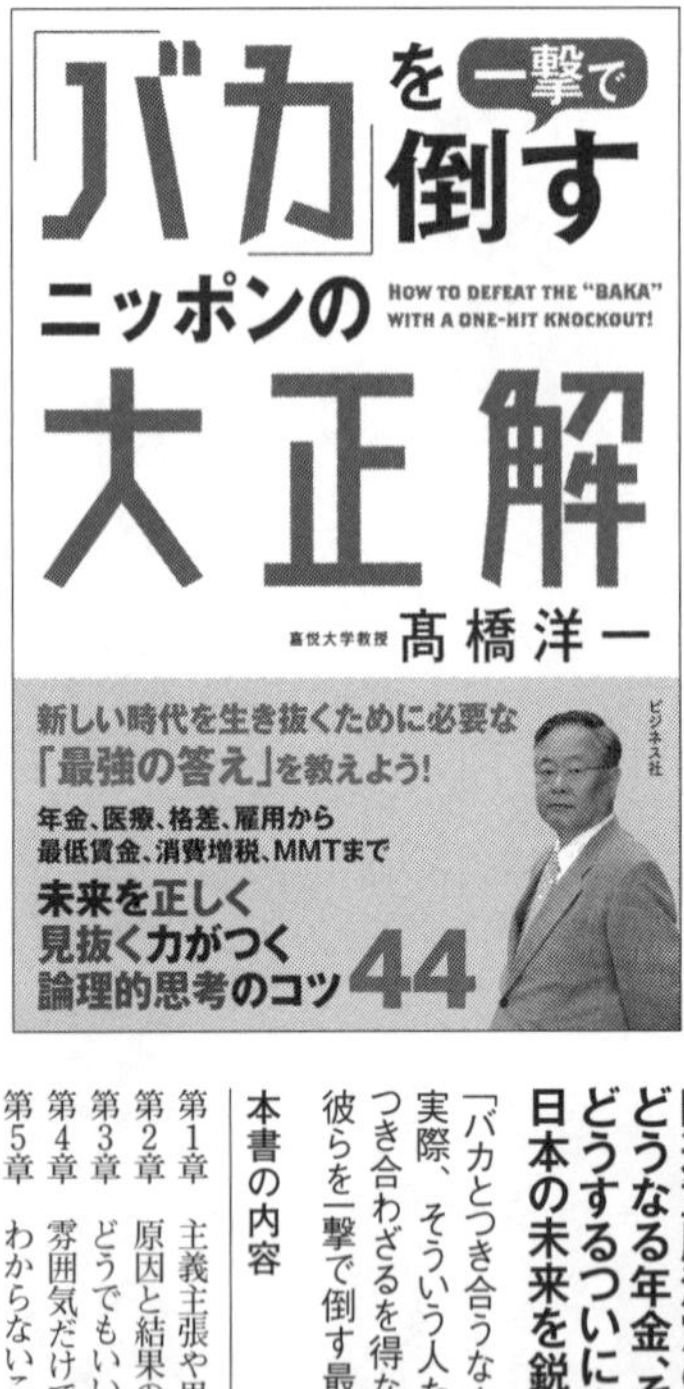

瞬速重版決定の話題の書！
どうなる年金、そして、
どうするついにやってきた消費税10％！
日本の未来を鋭く指し示す全国民必読の1冊！

「バカとつき合うな！」とか「アホと戦うな！」と言われても、実際、そういう人たちと日々、つき合わざるを得ない方、戦わざるを得ない方に、彼らを一撃で倒す最強の思考法をお教えしよう！

本書の内容

第1章　主義主張や思い込み、好みで物事を分析しようとするバカ
第2章　原因と結果の関係をいつも取り違えるバカ
第3章　どうでもいいことにばかりこだわるバカ
第4章　雰囲気だけで事象を語ってしまうバカ
第5章　わからないことを平気で話す身の程知らずのバカ